나를
넘어서는
힘

일러두기

· 본문에서 사용된 우리말 성경과 영어 성경 중 따로 표기하지 않은 구절은 각각 개
  역개정판 성경과 NIV 성경을 사용했습니다.
· 본문에 사용한 문장부호 중 『 』는 단행본, 「 」는 보고서 혹은 시, 《 》는 시리즈, 〈 〉는
  프로젝트를 의미합니다.

건강한 교회 세우기 시리즈

실전편 1 : : 개인 차원

나를
넘어서는
힘

✳

세상을 품은 그리스도인
어떻게 살아가는가

한국교회 희망 프로젝트 기획
손성현 지음

크리큠북스

추천사

✳

인간의 소명은 자기를 초극하는 것이다. 거대한 욕망의 탁류에 휩쓸려 지내다 보면 그 고귀한 소명을 까맣게 잊고 만다. 신앙인들조차 지향을 잃고 방황한다. 교회의 위기를 말하는 목소리가 도처에서 들려온다. 부정할 길이 없다. 하지만 위기는 새로운 삶으로의 초대다. 한나 아렌트는 다시 시작할 수 있는 능력이 인간이 가진 최상의 능력이라고 말한다. 아우구스티누스는 모든 사람은 새로운 시작이라고 말했다. 『나를 넘어서는 힘』은 우리를 새로운 시작으로 초대한다. 기도, 말씀 묵상, 분별, 그리고 대화라는 신앙의 기초에 충실할 때 탁류가 서서히 맑아질 것이다. 이 책이 던지고 있는 질문들에 성실하게 응답하는 과정 자체가 신앙과 삶에 대한 성찰 행위다.

_김기석(청파교회 담임목사)

저자는 평소 그의 품성답게 잔잔하되 힘 있게 기도, 성경 읽기, 분별, 대화라는 네 개의 주제를 독자들에게 풀어준다. 조곤조곤 다가오는 생각들이 귀를 열게 하고 이 독서 행위에 기꺼이 동참하게 한다. 곧 만날 위기라고 겁박하듯 비장한 표정을 짓는 대신 여기서 지금 우리가 할 수 있는 일들을 정리한다. 이 책은 기도의 바른 모양과 성경 읽기의 필요성을 가르쳐 줄 뿐만 아니라 분별을 핑계 삼아 다른 이들을 괴롭히지 않고 진솔하게 대화하는 법도 알려준다. 신앙인의 여러 모임에서 이 책을 나누고 협애한 '나'를 넘어서는 기회로 삼으면 좋겠다.

_김학철(연세대학교 학부대학 교수)

멋진 제목을 가진 이 책은 하나님 나라 시민성citizenship 형성을 위한 신앙 교본이다. 그리스도인은 시민이다. 하나님 나라의 시민이며, 또한 이 땅에 발 딛고 살아가는 시민사회의 일원이다. 『나를 넘어서는 힘』은 기도와 말씀, 분별과 대화가 어떻게 그리스도인을 '나'를 넘어 '너'에게로, 사사로운 영성을 넘어 사회적 영성으로, 게토를 넘어 하나님 나라 광장으로 이끄는지를 보여 준다. 21세기 한국교회와 사회의 건강한 생태계를 고민해 온 이들이라면 첫눈에 반하지 않을 수 없다. 이런 교재가 나오기를 기다렸다. "참 좋다, 이 책!"

_이종태(서울여자대학교 교수, 교목실장)

차례

✳

감사의 글

*

〈한국교회 희망 프로젝트〉에서 《건강한 교회 세우기》 시리즈를 내기까지 3년여에 걸친 연구와 토론 및 교재 집필 과정이 있었습니다. 그 과정에서 다양한 방법으로 섬긴 손길들이 많습니다. 계재광 목사님은 전체 팀장으로 기획과 진행에서 남다른 통찰력을 공유하였고, 류지성 교수님, 박준 박사님, 이재열 교수님, 이윤석 목사님, 최영우 대표님은 신학과 사회학, 통계 전문가로서 그리스도인과 교회의 건강성을 확인하는 '교회의 건강성 측정을 위한 조사' 지표와 지수설계를 위한 설문 문항 제작 및 감수에 참여하였으며, 지용근 대표님과 지앤컴리서치에서 방대한 설문조사를 실행하는 데 힘썼습니다. 또한 오랜 숙고와 치열한 논의를 글로 풀

나를 넘어서는 힘

어 준 필진이 있었습니다. 이론편『하나님 나라, 공동선, 교회』에서 김태섭 교수님, 송용원 교수님, 백광훈 목사님이 하나님 나라와 공동선의 신학적 기초를 제공하고, 신현호 교수님, 이병옥 교수님, 성석환 교수님이 설문 설계의 신학적 방향을 제시했습니다. 실전편 중 건강한 교회의 개인 차원을 다룬『나를 넘어서는 힘』은 손성현 목사님이, 공동체 차원을 담은『하나님 나라를 품은 공동체』는 고원석 교수님과 김지혜 목사님이, 제도와 사회구성원으로서의 교회의 건강성을 이야기한『세상의 선물이 되는 교회』는 백광훈 목사님과 김지혜 목사님이 애써 주었습니다.

마지막으로 연구 및 출판을 위하여 기도와 물질 지원으로 도움을 준 분들과 교회들이 있습니다. 우창록 장로님을 비롯하여 김경진 목사님소망교회, 손달익 목사님서울교회, 장경덕 목사님가나안교회, 전세광 목사님세상의빛교회, 최정도 목사님주사랑교회, 한재엽 원로목사님장유대성교회, 황성은 목사님창동염광교회께 진심으로 감사드립니다.

참여한 모든 이들에게 감사드리며
임성빈

시작하며:
하나님 나라의 온전함을 향하여

✦ 교회에 희망이 있습니까?

한국교회는 20세기 후반에서 21세기 초반에 이르기까지 세계에서 가장 폭발적인 성장을 이룬 교회입니다. 그런데 그런 한국교회가 21세기를 지나며 위기를 맞고 있습니다.

교회의 위기는 교회 내 갈등, 교회 지도자와 성도의 삶의 모습, 교단이나 연합기관들의 문제를 주목할 때 더욱 확연하게 드러납니다. 내부적으로는 교인 수의 감소와 더불어 시대적으로 개인의 삶에 집중하는 문화가 확산되면서 공동체에 대한 헌신이 약화되고, 교회 규모의 간극이 심해지며, 지나친 정치화로 인한 교단과 총회 등 교회 기구에 대한 불신이 늘어나고 있습니다. 외부적으로는 대사회적 공신력이 하락하며 부정적 이미지가 커지고 있습니다. 더욱이 코로나19에 책임적으로 응답하지 못하면서 교회의 신뢰도와 영향력은 심각한 타격을 입었습니다. 저는 이 모든 징후를 통틀어 **교회의 건강성 위기**라고 해석합니다.

안타깝게도 이러한 위기는 일시적인 요인으로 인한 것이 아닙니다. 한국교회가 120년간 이룬 폭발적인 성장에 따른 후유증들을 외면한 결과입니다. 코로나19를 계기로 오랜 시간 쌓여 왔던 문제들을 압축적으로 마주하고 있는 것입니다.

위기의 근본적인 원인은 **신앙**에 있습니다. 교회가 교회답지 못해서, 신앙인이 신앙인답지 못해서입니다. 신앙인 개인, 신앙 공동체로서의 교회, 또한 사회적 기구와 제도적 구조의 차원에서 신앙인과 교회는 신앙인다움과 교회다움을 나타내지 못하고 있습니다. 그로 인해 세상으로부터 '사회적, 정치적 공공성이 부족하다'라는 비판을 받고 당혹감과 열패감을 느끼고 있는 것이 교회의 현실입니다.

신앙이 좋다는 것과 그리스도의 제자가 된다는 것의 인식과 도전이 부족했음을 이제 여실히 깨닫습니다. 동시에 신앙인이 모인 공동체로서의 교회는 어떻게 운영되며, 사회

적, 제도적 기구로서의 교회는 어떠한 역할을 하여야 하는
지에 대한 합의가 이루어지지 않아 혼란스러운 상황입니다.

✦ 아직 희망은 있습니다!

한국교회는 여전히 양적·질적인 면에서 상당한 역동성과 잠
재력을 가지고 있습니다. 인적·물적 자원도 결코 적지 않습
니다. 세계 선교에서 한국교회는 섬김의 영향력을 끼칠 수
있는 몇 안 되는 교회로 변함없이 중요한 위치를 차지하고
있습니다. 수백만 명의 신앙인들이 교회를 중심으로 예배하
고 교육받으며 나름대로 봉사에 힘쓰고 있습니다. 무엇보다
우리에게는 지난 수십 년간 한국교회에 은혜를 부어 주신
하나님이 계십니다. 이순신 장군의 '12척의 배'보다 훨씬 많
은 자원을 '은혜의 선물'로 허락하신 주님이 오늘도 우리와
함께 하십니다.

　이토록 풍성한 은혜Gabe를 허락하신 주님께 감사하며 그
에 응답할 책무Aufgabe가 우리에게는 있습니다. 이제 교회의
위기를 직시하며 여러분과 함께 온전한 교회됨의 여정을 떠

나고자 합니다. 그러기 위해서는 먼저 주님이 선물로 주신 '구슬 서 말'을 '하나로 꿰는' 심정으로 우리의 신앙을 점검하고 성숙·성화의 과정을 재촉해야 합니다. 그것이 온전한 신앙인, 온전한 교회 공동체, 온전한 사회적·제도적 기구로서의 교회됨을 향한 여정의 시작입니다.

✦ 우리의 비전: 하나님 나라를 향한 교회 바로 세우기

한국교회의 회복은 개별 교회나 교단의 이벤트, 단편적인 노력으로 이루어지지 않습니다. 우리가 받은 선물, 곧 영적·인적·물적 역량에 집중하여 건강한 교회를 소망하고, 시대와 호흡하여 사회가 신뢰하는 교회로 탈바꿈해야 합니다. 문화와 소통하며 문화를 변혁하여 하나님 나라에 참여하는 종말론적 교회로 거듭나야 할 것입니다.

그래서 우리는, 엄중한 문제의식과 명료한 분석을 거쳐 교회가 건강성을 회복하고 하나님 나라의 온전함을 세워 가고자 〈한국교회 희망 프로젝트〉를 실행하려고 합니다.

- 〈한국교회 희망 프로젝트〉는 '신앙인 개인', '신앙 공동체로서의 교회', '시민사회와 기독교 시민단체 등'이 하나님 나라 실현에 참여하는 사역의 지속적 주체가 되어야 함을 주장합니다.

- 이 기획은 특정 이념과 당파성에 치우치지 않아야 함을 전제로 합니다. 타인의 티끌을 보고 비판하는 대신 내 안의 들보를 보고, 거룩한 분노를 진정한 사랑에서 우러나오는 대안적 정의 제시와 실천으로 이끄신 예수 그리스도의 마음과 태도를 본받으려 합니다.

- 전환과 변화를 위해 현실 상황을 객관적으로 분석해야 할 것입니다. 이는 더 온전한 삶, 더 온전한 공동체, 더 온전한 교회를 만들어 가는 책임적 응답을 위해 반성적 성찰로 이어져야 합니다.

- 이러한 기획은 신학뿐 아니라 경제, 경영, 정치, 사회, 문화, 법률 등 다양한 영역과의 간학문적이고 융합적 협력을 필요로 하며, 그와 동시에 교회 현장에서 실제로 작동하는 실천적 지혜로 이어져야 합니다. 이 같은 관점에서 사회과학자 및 신학자들과 협업하여 개인의 신앙을 개인적/공동체적/사회적 기구와 제도의 차원에서 분석할 수 있는 지표와 지수를 개발하였습니다. 그 활용을 통하여 신앙의 현실을 살펴보는 데 도움받기를 기대합니다.

- 좋은 신앙인 됨과 좋은 시민 됨이 밀접하게 연계되어 있음을 전

나를 넘어서는 힘

제하여 신앙과 신학, 교회의 통전성을 지향합니다.

- 이 기획은 궁극적으로 건강한 교회됨을 통한 하나님 나라 참여, 즉 사회적 차원에서 공동선common good을 기르려는 것입니다. 사회의 여러 영역을 이해하고, 동역 기관들과 함께 공동선 함양을 위한 포괄적 목표와 연대의 방안들을 제시할 것입니다.
- 이를 통해 한국교회에 대한 신뢰를 회복하고 신앙인다운 신앙인, 교회다운 교회를 다시 세우는 것이 목표입니다. 또한 위기를 극복하여 희망을 보여 주는 교회로서 외국의 교회 및 유관 기관들과의 전략적 연대를 통하여 세계 교회와 국제사회에 이바지하는 선교적 섬김이 되기를 기대합니다.

이에 〈한국교회 희망 프로젝트〉는《건강한 교회 세우기》시리즈를 기획했습니다. 이 시리즈를 통하여 한국사회와 교회의 현실에 대한 위기 인식의 토대 위에, 교회의 교회다움의 전제로서 온전한 신앙인을 향한 여정을 개인적, 공동체적, 제도적이고 사회구성원의 차원에서 제시하려 합니다. 이것이 본 시리즈의 의도이자 목적인 동시에 내용입니다.

이 시리즈는 세 가지 면에서 다른 책들과 차별점이 있습니다. **첫째**, 건강하고 바른 교회가 세 가지 차원으로 이루어

• 건강한 교회의 세 차원 •

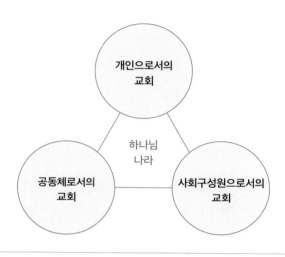

진다는 점을 강조합니다. 바로 신앙인다운 신앙인 됨, 공동
체로서의 교회됨, 지역적·사회적 기구로서의 교회됨의 차원
입니다. 이 세 영역 모두가 건강하게 발전하고 유기적으로
연결될 때 건강한 교회의 가능성을 모색할 수 있습니다.

그러므로 우리의 과제는 (1) 개인적 차원에서: 더욱 신앙
인다워짐, 즉 장성한 신앙인 됨, (2) 신앙 공동체 차원에서:
신앙인들이 모인 공동체다워짐, (3) 사회적 기구로서의 제
도적 차원에서: 사회적 공동선 추구에 모델이 되는 공공적

기구로서의 교회됨을 이루는 것입니다. 목표는 '신앙인다운 신앙인'성숙한 신앙인 - '교회다운 교회'건강한 신앙 공동체 - '제도적 기구로서의 교회'가 서로 유기적 상관관계에 있음을 온전히 드러내는 것입니다.

둘째, 2022년 교회 출석자 1,000명과 가나안 성도 300명을 대상으로 실시한 개인·공동체·사회구성원으로서 교회의 건강성을 측정하는 '교회의 건강성 측정을 위한 조사'의 일부 문항을 분석하여 이론편『하나님 나라, 공동선, 교회』1부 한국교회 건강성 분석 리포트에 담았습니다. 또한 각 교회에서도 활용할 수 있도록 설문지를 책에 수록하였습니다. 설문의 결과는 비교나 평가가 아니라 교회 공동체가 하나님 나라의 온전함과 온전한 신앙인 됨을 이루어 가는 점검의 과정이어야 합니다. 이에 근거해 우리의 부족함과 나아가야 할 푯대를 확인하게 될 것입니다.

마지막으로 원론적인 개념서가 아닙니다. 실전편인『나를 넘어서는 힘』,『하나님 나라를 품은 공동체』,『세상의 선물이 되는 교회』에 성경, 인문학, 교회의 사례와 토의 자료, 공동체 활동 등 여러 방면의 내용을 담아 공동체에서 실제로 활용할 수 있게 하였습니다. 특히 책에 등장하는 사례는 문자적으로 받아들이기보다 성령의 감동 가운데 상상력을 발휘해 읽어 주시기를 바랍니다. 건강한 교회를 세우기 위하여 여러 사례를 들여다보고 다양한 시도를 하는 과정을 통해, 실천적 변화를 꾀하는 데 현실적인 가능성을 탐색하고 삶과 교회를 재구성하여 교회를 더욱 온전하게 할 것입니다.

✛ 프로젝트의 구성

《건강한 교회 세우기》 시리즈는 건강한 교회를 이루는 세 영역의 성숙과 발전에 초점을 맞추어 총 네 권으로 구성됩니다.

이론편 『하나님 나라, 공동선, 교회』는 건강한 교회를 세우기 위한 신학적인 기초로서 하나님 나라에 대한 이해와 오늘날 세상에서의 교회의 과제, 현재 한국교회의 건강성을 확인하는 분석 보고서로 이루어져 있습니다. 목회자와 교회 리더들이 건강한 교회에 대한 이론적 이해를 정립할 수 있습니다. 또한 한국교회의 건강성 분석을 기초로 우리 교회

•《건강한 교회 세우기》시리즈의 구성 •

시작하며: 하나님 나라의 온전함을 향하여

⬇

『하나님 나라, 공동선, 교회』 (이론편)

건강한 교회의 이론적 기초: 하나님 나라, 공동선	건강한 교회의 세 가지 차원: 개인, 공동체, 제도와 사회구성원	교회의 건강성 점검 및 분석

⬇ (실전편)

『나를 넘어서는 힘』	『하나님 나라를 품은 공동체』	『세상의 선물이 되는 교회』
개인 차원	공동체 차원	사회구성원 차원

기도	보기 위해 눈을 감다	→ 비전	하나님 나라의 비전에 설레다	→ 사명	교회, 섬기기 위해 세워지다
성경 읽기	읽으면서 익어간다	→ 이야기	하나님 나라의 언어로 말하다	→ 이웃	교회, 지역과 함께 성장하다
분별	분열의 덫 분별의 빛	→ 예배	하나님 나라의 거룩함을 누리다	→ 변화	교회, 하나님 나라를 맛보는 곳
대화	말이 통한다 맘이 동한다	→ 제자	하나님 나라의 방식을 연습하다	→ 희망	교회, 하나님 나라가 임하는 통로

⬇

마치며: 성도다운 성도, 교회다운 교회

의 건강성을 확인할 수 있는 설문지 '교회의 건강성 측정을 위한 조사'가 포함되어 있습니다.

다른 세 권은 건강한 교회를 이루어 가는 여정을 돕는 **실전편**입니다. 『나를 넘어서는 힘』은 교회의 첫 번째 차원, 즉 개인으로서의 교회를 건강하게 세우도록 합니다. '기도', '성경 읽기', '분별'과 '대화'의 과정을 통해 보다 성숙한 그리스도인으로서 리더십을 세워 나갈 수 있을 것입니다.

『하나님 나라를 품은 공동체』는 교회의 두 번째 차원인 공동체로서의 교회를 보다 온전한 하나님 나라의 공동체로 빚어 가도록 합니다. 하나님 나라의 비전으로 하나 되고비전 공동체, 신앙의 언어를 통해 성장하며이야기 공동체, 예배 안에서 거룩을 경험하여 일상으로 확장시키고예배 공동체, 하나님 나라의 방식을 삶으로 일구어 나가는 제자로서의 삶을 살도록 격려합니다제자 공동체.

『세상의 선물이 되는 교회』는 교회의 세 번째 차원, 곧 지역과 사회의 일원이자 세상의 빛과 소금으로서 부르심에 합당한 교회에 대한 내용입니다. 지역을 향한 '사명'을 인식하고, '이웃'과 함께 성장하며, 지역 안에서 '변화'된 교회를 통하여 하나님 나라가 임하기를 '희망'합니다.

네 권의 책은 서로 긴밀하게 연결되어 있으며 모든 내용은 최종적으로 온전한 신앙인 됨과 교회됨을 지향합니다.

성경은 '온전한 신앙인 됨'과 '온전한 교회됨'이 하나님 나라와 그 시민 됨에 속해 있음을 전제합니다.《건강한 교회 세우기》시리즈를 중심으로 한 다양한 모임이 만들어지고, 이를 통하여 **하나님 나라를 향한 교회 바로 세우기**에 동참함으로써 사회와 다음 세대에 희망을 불어넣는 신앙인과 교회가 되기를 소망합니다.

임성빈

이 책의 활용법

1. 하나님의 선물인 우리 교회가 더욱 교회다움을 회복하고 그 교회를 이루는 우리가 더욱 신앙인다워지기를 바라며 기도하는 마음으로 읽기를 바랍니다. 그 과정에서 주님이 주시는 마음이 있다면 책이나 노트에 기록해도 좋습니다.

2. 혼자 읽어도 좋지만 최소 두 사람 이상 참석하는 모임이나 교회 공동체에서 함께 읽고 나누기를 권합니다. 특별히 소그룹 리더 모임, (예비)중직자 훈련 및 재교육 모임에서 사용한다면 이 시대를 향한 하나님의 뜻을 발견하고 교회를 더욱 건실히 세우는 데 도움이 될 것입니다.

3. 모임에서 책을 사용할 경우 다음 몇 가지를 참고하면 좋
   습니다.

● 준비

인도자

- 《건강한 교회 세우기》 시리즈 중 이론편 『하나님 나라, 공동선,
  교회』를 통해 하나님 나라 신학과 공동선에 대한 이해를 다지
  고, 수록된 '교회의 건강성 측정을 위한 조사' 설문을 실행하여
  그 결과를 교육 방향과 연계해 이 책의 내용을 더욱 심도 깊게
  나눌 수 있습니다(이 책 각 장의 '연관 설문' 참조).
- QR코드를 통해 〈한국교회 희망 프로젝트〉 사이
  트로 오셔서 컨설팅을 신청하시면 설문 분석 및
  향후 목회 계획 수립에 도움을 드립니다.

참여자

- 이 책 『나를 넘어서는 힘』의 본문을 미리 읽고 각자 떠오른 생각
  과 질문에 대한 답을 정리해 오면 좋습니다.

● 진행

인도자

- 각 장을 한 번 혹은 두 번에 나누어 공동체 상황에 맞게 교육 모임을 진행할 수 있습니다.
- 인도자는 책의 내용을 요약한 후 몇 개의 질문을[저자가 중요하다고 표기(♣)한 질문을 중심으로 선별해 나누거나 모든 질문을 다뤄도 좋습니다.] 토의 주제로 선정해 참여자들이 자유롭게 이야기할 수 있도록 돕습니다.
- 참여자들이 토론할 때, 개인의 주장을 펴기보다 서로 지혜를 모으고 대화하는 것이 중요합니다. 따라서 인도자는 일방적으로 지식을 전달하고 해답을 주는 '선생님'이 아니라 소외되는 사람이 없는지 살피고 다양한 의견들이 어우러질 수 있게 돕는 '중재자'로 존재합니다.

다함께

- 토의하며 이야기한 내용을 비밀로 지켜 주세요. 이 신뢰가 있어야 솔직하게 나눌 수 있습니다.
- 모두에게 이야기할 기회를 주세요. 골고루 논의에 참여할 때 서

로에 대한 이해와 배움이 깊어질 것입니다.

• 다른 사람의 이야기에 귀 기울여 주세요. 나와 의견이 다르더라도 존중해 주세요.

이 책을 읽을 때 이 세상과 교회를 향한 하나님의 뜻과 비전을 발견하고, 우리의 신앙과 한국교회에 새로운 변화가 시작되기를 바랍니다.

성숙한 개인,
드넓은 품의 교회가 되다

"참 좋다!"

크고 웅장한 숲에 들어가면 저절로 감탄이 터져 나옵니다. 그저 그 안에 머무는 것만으로도 몸과 마음에 평화를 선사하는 숲의 매력 때문입니다. 울창한 숲은 울적한 삶을 품어 치유하는 신비의 공간입니다. 좋은 숲이 있다는 것은 주위의 '모든 생명에게 좋은 일'(공동선, common good)일 것입니다. 그런데 이 좋은 숲의 시작은 '작은 나무 한 그루'입니다. 한자리에서 꿋꿋하게, 세월과 세파를 버텨 내며 푸르게 자라난 나무 한 그루 한 그루가 모여 서서히 좋은 숲이 조성되는 것입니다.

새삼스레 이 엄연한 진실을 가만히 짚어 보는 것은 우리가 '참 좋은 교회'를 꿈꾸고 있기 때문입니다. 주위의 모든 생명을 품고 모두에게 이익이 되는 교회, 공동선에 기여하는 교회의 장엄함은 마치 잘 가꿔진 숲과 같습니다. 잘 가꿔진 숲과도 같은 교회의 시작은 '성숙한 그리스도인 한 사람'입니다. 자신이 속한 지역사회에 든든히 서서, 혼탁한 세상 풍조와 가짜 가르침에 맞서 성숙한 삶과 신앙의 본질을 고요히 보여 주는 한 사람 한 사람이 모여 건강한 교회가 구성됩니다.

우리는 교회가 자기만의 울타리를 넘어 주변의 모든 사람, 나아가 피조세계까지 품을 수 있는 너른 품이 되는 꿈을 꿈니다. 그 비전의 출발은 한 사람의 구체적인 삶입니다. 아름드리나무 한 그루에서 생명의 기운이 발산되는 것처럼, 잘 훈련되고 다듬어진 신앙인 한 사람에게서는 주변 사람들의 마음을 열게 만드는 인격적 치유력과 감화력이 피어오릅니다. 저는 한 사람이 개인적 차원에서 성숙한 그리스도인으로 영글어 가는 데 반드시 필요한 것으로 네 가지를 꼽습니다. 바로 기도, 성경 읽기, 분별, 대화입니다. 교회의 역사에서 훌륭한 그리스도인을 키워 낸 핵심 역량으로 손꼽히는 것들입니다. 앞으로도 이 네 가지는 사적인 신앙의 근간이

면서 공적인 영역과 이어지는 줄기와 가지가 될 것입니다.

이 책의 목적은 네 가지 역량을 착실히 갖추어 공공선에 이바지하는 그리스도인 개인으로 훈련시키는 것입니다. **1장** 기도: 보기 위해 눈을 감다, **2장** 성경 읽기: 읽으면서 익어간다, **3장** 분별: 분열의 덫 분별의 빛, **4장** 대화: 말이 통한다 맘이 통한다. 이 각각의 주제는 신앙에 깊이 뿌리를 내린 동시에 이 세상과 지혜롭게 소통하며 세상을 회복시키는 역량을 갖춘 한 사람의 웅혼한 모습을 지향하고 있습니다.

교회 소모임과 임원 훈련 및 재교육 모임에서 이 책을 함께 읽고 나누고 성찰하면서 "세상을 품은 그리스도인은 어떻게 살아가는가?"라는 질문에 답을 찾아보기를 바랍니다. 그 답을 삶에 녹일 때, 머잖아 우리와 만난 세상 사람들의 시선이 달라질 것입니다. 그리고 그들 안에서 이런 탄성이 터져 나올 것입니다. "참 좋다, 저 사람들!"

손성현

1장

기도

보기 위해
눈을 감다

한눈에 읽기

우리는 기도할 때 눈을 감습니다. 그 작은 멈춤의 시간이 우리의 삶에 얼마나 큰 변화를 가져오는지 모릅니다. 세상을 향해서는 불을 끄지만, 그 고요한 어둠 속에서 더욱 환한 빛을 마주하게 됩니다. 그 빛은 우리를 이끌어 "내 삶의 주도권은 그분께 있다!"는 고백에 이르게 합니다. 우리는 나의 상황에서 시작하는 아래로부터의 기도에 그치지 않고, 하나님의 지혜와 계시의 영을 구하는 위로부터의 기도로 나아갑니다.

키워드

#삶의_주도권 #지혜와_계시의_영 #기복에서_축복으로

연관 설문

'교회의 건강성 측정을 위한 조사' 개인 차원 40, 41, 42번

보기 위해
눈을 감다

"우리 주 예수 그리스도의 하나님,
영광의 아버지께서 지혜와 계시의 영을 너희에게 주사
하나님을 알게 하시고"
엡 1:17

고향에 가면, 어릴 적에 다녔던 예배당에 가 봅니다. 나무판
자로 된 바닥에 앉아서 예배를 드리고 기도를 했던 곳입니
다. 등굣길에 들러 기도하고 학교로 향하던 기억이 아직도
생생합니다. 특히 철야기도회가 있는 금요일 밤에는 밤이
깊어 가는 것도 잊은 채 몇 시간 동안 앉아서 기도했습니다.
머리로 기도하는 것이 아니라 몸으로 기도하는 것을 여기서
배웠구나 하는 생각이 듭니다.

많은 분들이 그곳에 와서 무릎을 꿇고 기도했습니다. 기도하다 찬송하고 찬송하다 기도했습니다. 갑자기 찾아온 인생의 위기 속에서 눈물을 흘리며 기도하는 분들이 많았습니다. 다른 곳에서는 차마 꺼낼 수 없는 기막힌 사연들이 거기서는 기도가 되어 봇물처럼 터져 나왔습니다. "앞이 캄캄할 때 기도 잊지 마시오." 찬양의 가사를 곱씹으며 마음을 다잡던 분들의 얼굴이 어른거립니다.

포대기로 아이를 업은 채 기도하고 있는 한 여인의 흑

노무라 모토유키 사진, 1974

나를 넘어서는 힘

백사진이 눈에 익습니다.[1] 사진을 찍은 분의 회고에 따르면, 사진 속의 여인은 남편을 폐결핵으로 잃고 너무나 막막한 상황에서 기도하고 있었답니다. 그런데 사진의 구도가 절묘합니다. 정중앙에는 바닥에 의지하여 몸을 지탱한 여인의 오른팔이 버티고 있습니다. 그 왼쪽에는 엄마의 등에 업혀 두리번거리는 아이의 모습이, 오른쪽에는 어딘지 살짝 걱정스러운 표정으로 가만히 엄마의 얼굴을 응시하고 있는 큰아이의 모습이 꽤나 선명합니다. 그 아이의 눈이 가닿은 곳에 우리의 마음도 끌려갑니다. 검은 얼굴, 감은 눈의 애절한 기도….

저는 이 사진을 볼 때마다 가슴이 쿵 하고 내려앉는 느낌입니다. 한 가족에게 몰아닥친 시련 속에서 저런 모습으로 기도할 수밖에 없었던 '나의 엄마'가 떠오르기 때문입니다. 교통사고로 사경을 헤매는 남편, 불안에 떠는 세 아이들, 크고 무서운 병원과 작고 초라한 집. 그 사이에서 휘청거리던 엄마의 영혼이 마음껏 신음을 토해 낼 수 있는 곳은 교회였습니다. 깜깜한 어둠의 시간에 눈을 질끈 감고 더 깊은 어둠 속을 바라보며 기도하던 '우리의 엄마들'은 (무슨) 응답을 받았을까요? 제가 확신하는 것은, 오늘 나의 삶이 바로 이 기도와 긴밀하게 연결되어 있다는 사실입니다. '이런 기도가 없었더라면 나의 삶은 어떻게 되었을까?' '그 기도가 기도하는 이와 그 주변에 있는 이들의 삶을 붙잡아 주지 않았더라면?' 생각만으로도 가슴이 철렁 내려앉습니다. 동시에 그 시절의 기도에 대한 감사와 존경이 묵직한 느낌표가 되어 가슴을 크게 울립니다.

이것이 어떻게 그 시절만의 경험일까요? 어느 시대, 어느 곳이든 그리스도인과 간절한 기도는 떼려야 뗄 수 없는 관계입니다. 기도는 하는 이뿐만 아니라 그 모습을 지켜보는 이의 마음에도 영향을 끼칩니다. 나태주 시인은 기도(하는 이)를 무심코 바라본 사람의 마음에 일어난 잔잔한 파장을 재치 있고 따뜻한 언어로 담아냅니다.

아들이 입대한 뒤로 아내는 새벽마다 남몰래 일어나 비어 있는 아들 방 문 앞에 무릎 꿇고 앉아 몸을 앞뒤로 시계추처럼 흔들며 기도를 한다.

하나님[2] 아버지, 어떻게 주신 아들입니까? 그 아들 비록 어둡고 험한 곳에 놓일지라도 머리털 하나라도 상하지 않도

나를 넘어서는 힘

록 주님께서 채금져 주옵소서.

도대체 아내는 하나님한테 미리 빚을 놓아 받을 돈이라도 있다는 것인지, 하나님께서 수금해주실 일이라도 있다는 것인지 계속해서, 채금債金져 달라고만 되풀이 되풀이 기도를 드린다.

딸아이가 고3이 된 뒤로부터는 또 딸아이 방 문 앞에 가서도 여전히 몸을 앞뒤로 흔들며 똑같은 기도를 드린다.

하나님 아버지, 이미 알고 계시지요? 지금 그 딸 너무나 힘든 공부를 하고 있는 중이오니, 하나님께서 그의 앞길에 등불이 되어 밝혀주시고 그의 모든 것을 채금져 주옵소서.

우리 네 식구 날마다 놓인 강물이 다를지라도, 그 기도 나룻배의 노櫓가 되어 앞으로인 듯 뒤로인 듯, 흔들리며 나아감을 하나님만 빙긋이 웃으시며 내려다보고 계심을, 우리는 오늘도 짐짓 알지 못한 채 하루를 산다.

－ 나태주, 「노櫓」 전문[3]

시인의 아내는 "무릎 꿇고 앉아 몸을 앞뒤로 시계추처럼 흔들며" 기도합니다. 신앙생활을 오래 해 온 사람들에게는 익숙한 기도 자세지만 시인에게는 특이하게 다가온 것 같습니다. 모든 것을 맡기는 심정으로 "(하나님께서 모든 걸) 책임져 주옵소서!"라고 거듭 거듭 읊조리는 아내의 언어도 생경했나 봅니다. 그걸 "채금"債金져 달라는 말로 듣고는 뜨악해하는 중년 남자의 표정을 상상하니 웃음이 납니다.

시인은 크고 작은 어려움의 물살을 헤쳐 나가는 작은 "나룻배"와 같은 가족의 운명을 성찰하며, 그 기도가 얼마나 중요한 것인지를 새삼 깨닫습니다. 흔들림 가운데서도 그 배가 서서히 목표점에 다다를 수 있도록 앞뒤로 삐걱삐걱 부지런히 움직이는 "노"櫓가 있었음을 볼 수 있게 된 것입니다. 그리고 그 감동적인 노잡이와 무심한 가족 모두의 여행을 "빙긋" 웃음으로 내려다보시는 존재를 의식합니다.

✦ 눈을 감고 고백한다. 내 삶의 주도권은 그분께 있다!

그리스도인에게 기도는 온갖 도전과 불확실함의 물살을 헤

처 나가기 위해 반드시 필요하고, 또 가장 중요한 것입니다.

〈한국교회 희망 프로젝트〉가 지앤컴리서치에 의뢰해 시행한 설문조사 '교회의 건강성 측정을 위한 조사'는 '개인 영역 – 하나님과의 관계', '공동체 영역', '제도와 사회구성원 영역', 이 세 가지 차원에서 교회의 건강성을 측정하기 위한 조사였습니다. '개인 영역'의 설문은 그리스도인 개인이 하나님과의 관계 속에서 실천하고 있는 여러 영역, 곧 예배, 헌금, 성경 읽기, 다양한 사역, 회의 참여, 봉사 활동 등으로 이루어졌습니다.

설문 결과를 담은 「한국교회 건강성 분석 리포트」[4]를 보면, 개인 영역의 설문 25개 문항 중에서 한국교회의 그리스도인이 가장 많이 점수를 준 지표는 "나는 문제가 생겼을 때 일의 주도권이 하나님께 있다고 믿고 기도한다(78.3점)"입니다. 그다음은 "나는 일주일 중에 하나님께 예배드리는 시간이 가장 중요하다(76.2점)", "나는 자원하는 마음으로 주일헌금과 십일조를 드린다(75.7점)"입니다.

• **그리스도인의 신앙 생활**(상위 3개, 100점 기준) •

■ 교회 출석자   ■ 가나안 성도

• 나는 문제가 생겼을 때 일의 주도권이 하나님께 있다고 믿고 기도한다

78.3
64.1

• 나는 일주일 중에 하나님께 예배드리는 시간이 가장 중요하다

76.2
58.7

• 나는 자원하는 마음으로 주일헌금과 십일조를 드린다

75.7
59.3

한국교회 희망 프로젝트, '교회의 건강성 측정을 위한 조사', 2022년 4월 21~25일 전국의 성인 교회 출석자 1,000명과 7월 29일~8월 12일 전국의 성인 가나안 성도 300명 대상.

나를 넘어서는 힘

문제가 생겼을 때 어떻게든 문제를 해결하기 위해 주도적으로 나서는 것은 인간적으로 당연한 태도입니다. 그런데 문제를 만난 순간, 내 삶의 주도권이 하나님께 있음을 고백하며 눈을 감는 사람이 있습니다. 이것은 결코 당연하지 않은 선택이라고 할 수 있습니다.

주목할 것은, 지금은 여러 가지 이유에서 교회에 출석하지 않는 사람들도 이런 태도를 유지하고 있다는 사실입니다. 교회는 '안 나가'(가나안 성도)지만, 문제가 생겼을 때 나의 주도권을 내려놓고 "주도권이 하나님께 있다고 믿으며 기도한다"에 가장 많이 답했습니다(64.1점).

묵상과 토론을 위한 질문

✦ 지난해를 돌아볼 때, 내 삶의 주도권이 내가 아닌 하나님께 있다고 고백하게 된 문제 혹은 계기는 어떤 것이었나요? 그때 나의 기도는 나에게 어떤 변화를 가져왔을까요?

✦ 하나님의 주도권을 받아들이기 힘든 순간은 없었나요? 그분의 일하심이 나의 생각과 너무 다를 때 나는 어떻게 반응했나요?

✛ 위태로운 사람, 위태로운 기도

"문제가 생겼을 때 기도한다."

언제든 위태로워질 수 있는 우리의 삶이 기도를 요청합니다. 취업 및 진학 실패, 질병, 사고, 이별 등으로 지독한 방황의 시간을 보낼 때 그리스도인은 간절히 기도합니다. 때로는 짙은 고뇌의 질문을 토해 내기도 합니다. '지금 내가 (직장 때문에, 관계 때문에, 나 자신 때문에) 이렇게 힘든 시간을 보내는 것도 하나님의 뜻(하나님의 절대 주권) 안에서 일어나는 일일까?'

영어로 기도를 뜻하는 단어 'prayer'는 라틴어 'precárius'에서 온 것으로[5] '간청해서 뭔가를 얻는 (것)'이라는 뜻입니다. 또한 '어떻게 될지 모르는', '불확실한' 같은 뜻도 있습니다. 혼란스럽고 고통스러운 현실, 나 혼자의 힘으로는 어쩔 수 없는 상황을 만날 때 누군가는 기도합니다. 그런데 또 다른 누군가는 같은 상황에서 도무지 기도가 내키지 않습니다. 자꾸만 이런 물음이 생겨나는 겁니다. '기도한다고 뭐가 달라질까?' 우리의 삶만큼이나 기도는 그 결말을 알 수 없다는 점에서 불확실합니다. 기도를 하건 안 하건 우리가 번번

이 기도에 대해 의심을 품게 되는 이유가 여기 있습니다. 가장 간절했던 상황에서 드린 가장 간절했던 기도가 응답되지 않는 경험을 했기 때문입니다.

기도하는 것이 무의미하다고 느껴지는 상황에서 우리는 도대체 어떻게 기도해야 할까요?

에베소서 1장 15-23절은 '바울의 기도'라는 제목을 달고 있습니다. 지금 바울은 아주 위태롭고 암담한 상황에 처해 있습니다. 마치 흉악범이라도 되는 것처럼 쇠사슬에 매여 갇힌 신세입니다(엡 6:20). 한 마을이라도 더 찾아가고 한 사람이라도 더 만나서 복음을 전해야 하는데 붙들려 있는 상황입니다. 영국의 저명한 신학자 톰 라이트는 이를 이렇게 말합니다. "순회 사도가 감옥에 갇혀 있는 것은 피아니스트가 등 뒤로 손이 묶인 것과 같다."[6] 하나님 나라의 복음을 연주하라고 맹훈련시키고 피아노 의자에 딱 앉혀 놓으셨는데 손이 뒤로 묶여 있다니! 아무것도 할 수 없습니다. 이렇게 갇혀 있게 하실 거라면 왜 사도로 부르신 걸까요?

하나님의 일하심은 이처럼 우리를 당혹스럽게 할 때가 있습니다. 바울을 바라보는 당시 그리스도인들의 마음도 답

답했을 겁니다. 이런 상황에서 바울은 자신의 생각과 의지를 뛰어넘으시는 하나님을 바라보며 기도합니다. "우리 주 예수 그리스도의 하나님, 영광의 아버지께서 지혜와 계시의 영을 너희에게 주사 하나님을 알게 하시고"(엡 1:17).

유한하고 연약하면서도 나의 주도권을 포기하지 않는 나. 그런 나, 그런 우리에게 감춰져 있던 것을 드러내시는 "지혜와 계시의 영"을 구하는 기도입니다. 이것은 내 문제에서 시작해서 위로 올라가는 기도가 아니라 하나님에게 집중하며 하나님으로부터 시작하는 기도입니다. 보통 우리는 나의 상황에서 출발하여 위로 올라가는 기도를 드립니다. 이런 경향을 필립 얀시Philip D. Yancy는 이렇게 표현합니다.

"[나는] 기도에 대해 오랫동안 잘못 생각하고 있었다는 사실을 깨달았다. 여태까지는 하류에서 시작해서 개인적인 관심사를 상류에 계신 하나님께 올려 보내려고 했었다. 주님이 아무것도 모르고 계시는 것처럼 나의 상황을 알려드리기에 급급했다. 하나님의 마음을 바꾸고, 도저히 거부할 수 없게 몰아붙이려는 듯 강청하며 매달렸다. 그럴 것이 아니었다. 상류에서 시작해서 물길을 탔어야 했다."7

나를 넘어서는 힘

그는 잘못된 기도를 깨달은 후로 자신의 기도와 사고방식에 결정적인 변화가 일어났다고 고백합니다. 물줄기가 높은 데서 낮은 데로 흐르듯이 기도도 하늘에 계신 하나님으로부터 시작할 필요가 있다는 겁니다. 온갖 문제가 일어날 때, 우리는 오히려 위에서부터 시작하는 기도를 드릴 수 있어야 합니다. "하나님, 당신을 알기 원합니다. 지혜와 계시의 영을 나에게 주소서."

그렇게 기도할 때 그 영이 "너희 마음의 눈을 밝히"시는 체험을 하게 됩니다(엡 1:18a). 기도는 육신의 눈을 감고 마음의 눈을 밝히는 시간입니다. 기도하지 않으면 마음의 눈이 흐려지고 두려움과 욕망에 흔들립니다. 그러나 지혜와 계시의 영이 우리 마음의 눈을 밝히시면, 더 이상 흔들리지 않습니다. 세 가지 놀라운 것을 알게 되기 때문입니다.

1. "그의 부르심의 소망"입니다. 하나님이 나를 부르시고 나를 통해서 이루시고자 하는 것(하나님의 소망)을 알게 되는 것입니다. 나의 소망은 끊임없이 변하고 인간은 본래 만족을 모릅니다. 그래서 스스로를 외롭게 하고 남을 괴롭게 합니다. 그러나 "그의 부르심의 소망"은 나도 남도 평화롭게 합니다.

2. "성도 안에서 그 기업의 영광의 풍성함"입니다. 여기서 '기업'이란 '상속 재산'을 뜻합니다. 세상의 재산과 영광은 늘 소수에게 집중되고 경쟁에서 승리한 자에게만 주어집니다. 제한된 것이라 그렇습니다. 하지만 하나님이 성도들에게 주시는 하나님 나라의 보이지 않는 유산은 '풍성'합니다. 문제는 우리가 그것을 몰라서(알지 못해서) 누리지 못한다는 겁니다.

3. "믿는 우리에게 베푸신 능력의 지극히 크심"입니다. 에베소는 돈의 능력, 지식과 건축의 능력, 군사력, 황제의 능력 등 각종 능력을 숭상하는 도시였습니다. 그러나 그것들은 결코 우리를 안심시킬 수 없습니다. 그 모든 것을 굴복시키는 지극히 크신 능력이 있음을 알 때, 비로소 우리는 자유로워집니다. 세상의 능력을 부러워하고 그것이 없음을 부끄러워하면서 그 능력을 얻겠다고 스스로를 혹사하는 내면의 강박에서 벗어나게 되는 것입니다. 가장 큰 능력이 어떤 것인지를 알 때만이 그럴 수 있습니다.

바울의 기도는 "문제가 생겼을 때 모든 것의 주도권이 하나님께 있음을 고백하며 기도"하는 사람들을 위한 것입니다. 이런 기도를 통해 사사로운 나를 넘어 세상 전체를 품는

나를 넘어서는 힘

인격으로 빚어집니다.

> 너희 마음의 눈을 밝히사 그의 부르심의 소망이 무엇이며
> 성도 안에서 그 기업의 영광의 풍성함이 무엇이며 (…) 우리
> 에게 베푸신 능력의 지극히 크심이 어떠한 것을 너희로 알
> 게 하시기를 구하노라 (엡 1:18-19)

✣ 보기 위해 눈을 감다

마음의 눈이 흐려질 때, 우리는 "그의 부르심의 소망"을 알
지 못하고 "나의 소망"에 도취되어 삽니다. 그래서 자꾸만
길을 잃습니다. "하나님 나라의 유산, 그 나라의 기업"을 알
지 못하기 때문에 내가 하는 일, 내가 추구하는 영광에 매몰
됩니다. 하나님이 우리에게 "베푸신 지극히 크신 능력"을 알
지 못하기에 끊임없이 이 세상의 능력과 내 능력을 비교하
며 조급해집니다. 그래서 더 실수합니다. 그런 나를 넘어서
기 위해 우리는 기도합니다. "지혜와 계시의 영을 우리에게
주사, 하나님을 알게 하시고, 우리의 마음의 눈을 밝혀 주소

서." 기도는 보기 위해 눈을 감는 것입니다.

묵상과 토론을 위한 질문

✦ 에베소서에서 읽게 되는 '바울의 기도'(엡 1:15-23)는 요즘 우리가 일반적으로 드리는 기도와 어떤 차이가 있나요? '바울의 기도'를 깊이 묵상하는 것이 오늘 우리의 기도에 어떤 도움이 되나요?

✦ 지혜와 계시의 영이 우리 마음의 눈을 밝히실 때(엡 1:17-18) 어떤 변화가 일어날까요? 그것이 우리의 삶에 어떤 구체적인 변화로 이어질까요?

✦ "그의 부르심의 소망", "성도 안에서 그 기업의 영광의 풍성함", "믿는 우리에게 베푸신 능력의 지극히 크심"(엡 1:18-19) 중에서 내가 가장 먼저 알고 싶은 것은 무엇입니까? 그 이유도 함께 말해 봅시다.

나를 넘어서는 힘

세상이 보는 기도,
세상에 드러나는 기도

1997년 10월, 철학자 김용옥 교수와 당시 대한민국 축구대표팀 차범근 감독이 중앙일보에 게재한 글은 많은 사람의 뜨거운 관심을 받았습니다.

김용옥 교수가 먼저 "차범근 감독에게 할 말 있다 … 전도사 아닌 국민사랑 받는 공인"이라는 제목의 글로 포문을 열었습니다(중앙일보 1997. 10. 24). 김 교수는 차범근 감독이 이끄는 국가대표 축구팀이 승리를 거둔 장면을 감격스럽게 시청했다고 밝혔습니다. 그러나 차 감독의 신앙이 공적인 자리에서 여과 없이 드러나는 것에 대해서는 불만을 표출했습니다.

"신나는 골이 터질 때마다 카메라는 열렬히 기도하는 그대의 모습을 비춘다. 이제 그대는 빌리 그레이엄을 능가하는 세기적 전도사가 돼가고 있다. 그대는 전도사가 아니라 축구감독이다. 그대가 이끄는 축구팀은 어느 교회의 사설팀이 아니라 대한민국 국가대표팀이다. 그대는 신앙의 자유를 부르짖는 개인이 아니라 모든 사람의 사랑을 받아야 할 공인이다. 분명 그대는 개인으로 TV화면 앞에 선 것이 아니라 대표팀을 이끄는 공인으로 선 것이다.

공인의 공적 마당에서 이루어지는 공적 행위는 공적 모럴의 제약을 받을 수밖에 없다. 한번 생각해 보라! 그대의 후계감독이 불교도였다고 생각해보자. 이번에는 "비로자나 부처님의 공덕으로…", 이슬람교도였다면 "알라신의 가호로…". 우리나라는 곧 종교 분쟁국가로 진입하게 될 것이다.

(…)

우리 팀이 주님의 은총으로 이겼다면 일본팀은, 아랍에미리트팀은, 우즈베키스탄팀은 주님의 저주 때문에 졌나? 그것

나를 넘어서는 힘

이 그대의 기도의 본질인가?"

여기에 대해 차범근 감독은 그다음 날 "김용옥 교수에 답한다"라는 제목으로 즉시 자신의 의견을 밝힙니다(중앙일보 1997. 10. 25).

"국가대표팀 감독 -. 무조건 잘 싸워서 무조건 이겨주기를 바라는 게 모든 국민의 바람이다. 그 기대와 희망을 고스란히 해결하고 충족시켜줘야 하는 게 바로 이 자리다. (…) 물론 나는 대범하지도 못하고 보잘 것 없는 인물이라 그럴 수도 있겠지만 경기를 앞두고 숨이 막히는 고통에 시달리는 것, 그것은 어쩔 수 없는 나의 그릇이다.

그때마다 나는 엎드려 기도한다. 그리고 마음의 평안을 얻는다. 어린아이가 부모님 손을 잡고 가다가 무섭거나 겁이 나면 그 손을 더 꼭 쥐는 것처럼 지금 나는 내가 믿는 하나님의 손을 꼭 쥐고 도저히 놓을 수 없는 심정이다. 그래서 나는 늘 기도한다. 그러나 경기 전 벤치에 앉아 기도할 때나 경기가 끝난 후 하나님께 감사할 때나 한 번도 김 교수나 많은 사람들이 생각하는 것처럼 요란스러운 몸짓을 보이기 위해 그래본 적은 없다.

(…)

이겼기 때문에 감사하고 이기지 못하면 감사하지 않는 게 아니다. (…) 나는 전도사도 아니고 종교 편싸움 선봉에 선 사람도 아니다. 그저 하나님이 나와 함께 한다는 믿음 때문에 마음이 편해지고 힘이 생기는 우둔한 사람이다.

얼마 전 KBS-TV가 우즈베키스탄전이 끝난 후 현장 인터뷰를 옮기는 과정에서 "주님께 감사한다."는 인터뷰 첫머리가 잘린 모양이었다. 기독교인들이 KBS에 전화를 해서 "일부러 그랬다"며 항의를 수도 없이 했다는 말을 들었다. 나는 종교를 가진 열성 신앙인들이 마음에 평화는 없고 편견과 피해의식으로 모든 것을 내 입맛에 맞추려고 아우성치는 것 같아 정말 마음이 무거웠다. 나는 비록 공부를 많이 한 종교학자가 아니지만 어느 종교든 투쟁만 있고 마음에 평화가 없다면 존재할 가치가 없는 게 아닐까 하는 생각을 갖고 있다.

(…)

차범근이가 기도하고, 차범근이가 하나님께 감사하고, 또 차범근이가 자꾸 이긴다고 해서 기독교의 모든 문제가 합

나를 넘어서는 힘

리화되는 것도, 다른 종교가 부인되는 것도 아니지 않는가. 나 자신이 공인의 룰을 어긴 나쁜 짓을 하는 것도 아니고 모든 사람들에게 그것을 강요하는 것도 아닌데 지나친 종교 논리로 비약하려는 것은 나로서도 유감스럽다.

이전의 어느 감독은 월드컵을 앞둔 중압감에 입이 돌아가고 말았다. 또 유럽의 많은 감독들이 알콜에 빠져 중독 증세를 보이기도 한다. 지금처럼 숨 막히는 때에 나 역시 마음이 쉴 수 있는 곳이 필요하다. 모든 국민이 지금은 한 발짝 떨어져서 기도하는 형식이나 모습보다 기도할 수밖에 없는 마음을 이해해달라고 부탁하고 싶다."

✦ 김용옥 교수의 글과 차범근 감독의 글에서 가장 공감하는 내용은 무엇입니까?

✦ 나의 일상에도 김용옥 교수와 같은 문제 제기를 해 오는 사람이 있나요? 그에게 나의 기도는 어떤 모습으로 드러나고 있나요?

✝ 기복, 행복, 축복

인생의 중요한 문제와 마주했을 때, 신앙인이 아닌 사람들도 어떤 초월적인 존재가 개입해서 도움을 주면 좋겠다고 생각할 때가 있습니다. 신앙을 가진 이들은 그런 상황에서 더욱 자연스럽게 하나님의 도우심을 구하게 됩니다. 그런데 제가 만난 그리스도인들 중에는 오히려 바로 그때 조금 다른 고민을 하는 이들이 있었습니다. 그들은 '이번 시험 꼭 붙게 해 주세요!'라고 기도해도 되는지, 좋은 직장, 좋은 관계, 우리 가족과 나의 건강 등을 구하는 것은 너무 이기적인 행동이 아닌지 걱정합니다. 심지어 '이런 기도를 할 바에야 차라리 안 하는 게 낫지 않나?' 하는 생각까지 한다고 고백합니다.

기도에 대해 왜 이런 고민과 염려를 하는 걸까요? 기복 祈福(복을 구함) 신앙에 빠지는 것을 경계하기 때문입니다. 내가 원하는 것, 나에게 좋은 것을 얻겠다고 신神에게 기도하는 것은 이기적인 사람들의 신앙 양태로 여겨지기 때문입니다. 다른 사람들은 열심히 노력해도 얻지 못하는 복(건강, 돈, 관계)을 기도에 힘입어 반드시, 그리고 많이 받아낸다는 의

미의 '기복 신앙'이라면 우리는 끝까지 거부해야 합니다. 그렇다면 개인적인 복은 구하면 안 될까요? 적어도 그리스도인이라면 그래선 안 되는 걸까요?

'복을 비는 것'은 나의 삶이 내 생각과 의지대로 되지 않는다는 것을 겸허하게 인정하는 데서 출발합니다. 복을 비는 마음에는 내 인생이 언제든 추락해 버릴 수 있다는 불안, 사랑하는 것을 잃어버릴 수도 있다는 염려, 고통과 고립에 대한 두려움이 있습니다. 아무리 노력해도 삶이란 언제, 어디서든 허물어질 수 있음을 알고, 나의 유한함과 무력함을 인정하면서 도우심을 구하는 것입니다.

더욱이 성경은 우리에게 "복을 빌라"고 말씀합니다. 대표적인 말씀이 이사야 65장 16절입니다. "이러므로 땅에서 자기를 위하여 복을 구하는 자는 진리의 하나님을 향하여 복을 구할 것이요." 우리는 복을 구할 수 있습니다. 그것도 "자기를 위하여" 그럴 수 있습니다. 얼마든지 그래도 됩니다. 그런데 여기서 중요한 것은 "진리의 하나님을 향하여" 복을 구해야 한다는 것입니다. 합격, 건강, 지혜, 가정의 평화, 좋은 직장, 배우자를 위한 간구가 "진리의 하나님 안에서"[8] 이루어져야 합니다. 진실하신 하나님에 대한 관심 없이 내가 바라는 것에 초점을 맞춘다면 대단히 부정적인 기복 신앙이 될 수밖에 없습니다. 그것은 진리의 하나님이 아니라 (나에 의해) '만들어진 신'을 향한 기도이기 때문입니다.

진리의 하나님을 향해, 그분 안에서 복을 비는 사람은 그 결과가 때로는 내가 기대했던 것과 다르더라도 행복합니다. 그분에게 집중하는 동안 예배하고 찬양하는 것뿐만 아니라 살고 일하고 밥 먹는 것…, 이 모든 것이 그분과 관계되었으며 또한 복이라는 사실을 깨닫게 되기 때문입니다. 그래서 이렇게 고백하기에 이릅니다. "주는 나의 주님이시오니 주 밖에는 나의 복이 없다"(시 16:2). 건강이든 합격이든 일이든 사람이든, 진리의 하나님을 향해 구하는 사람은 기도하면 기도할수록 진실하신 하나님을 알게 됩니다.

참되신 하나님께 복을 비는 것으로 인해 그분을 더 알게 되고 더 사랑하게 되고 그분의 일을 하게 됩니다. 이것이 우리의 복입니다. 그런데 이 복은 자기만 받고 끝나지 않는다는 특징이 있습니다. 복을 받은 사람은 다른 사람들에게도 이렇게 축복합니다. "여호와는 네게 복을 주시고 너를 지키시기를 원하며 여호와는 그의 얼굴을 네게 비추사 은혜 베푸시기를 원하며 여호와는 그 얼굴을 네게로 향하여 드사

평강 주시기를 원하노라"(민 6:24-26).

묵상과 토론을 위한 질문

✦ 자기를 위하여 복을 빌되 "진리의 하나님"을 향해서, "진리의 하
   나님" 안에서 복을 비는 사람(사 65:16-17)에게 나타나는 특징은
   무엇입니까?

✦ 나의 기도가 단순히 '기복 신앙'에 머물지 않고 '진리의 하나님'
   에 대한 더 깊은 깨달음과 고백으로 이어졌던 경험이 있나요?
   함께 나눠 봅시다.

✦ 내가 기도를 통해서 하나님의 복을 흘려보내야 할 사람을 떠올려
   보고(민 6:22-27), 그 사람을 위한 기도의 시간을 정해 봅시다.

▶ 찬양

온 맘 다해(주님과 함께하는 이 고요한 시간) _작사 · 곡 Babbie Mason

▶ 함께 기도합니다

주님, 우리는 여전히 위태롭고 불안한 시간을 살아가고 있습니다. 가장 필요한 것이 기도임에도 그것을 가장 멀리할 때가 많습니다. 그래서 잔뜩 흐려진 마음의 눈으로 헛된 것을 바라보며 살아가곤 합니다. 이런 우리를 불쌍히 여겨 주옵소서. 지혜와 계시의 영으로 우리 마음을 비춰 주셔서 참된 소망, 참된 하늘의 유산, 참된 능력을 알게 하옵소서. 마음의 눈을 뜨고자 두 눈을 감고 기도합니다. 주님의 충만함으로 살아가는 인생이 되어 가까이에서 나와 삶을 나누는 이들에게도 복을 나누게 하옵소서. 예수님의 이름으로 기도합니다. 아멘.

나를 넘어서는 힘

2장

성경 읽기

읽으면서
익어간다

한눈에 읽기

성경을 읽는 것은 영적으로 익어가는 과정입니다. 그 과정 속에서 내 삶을 '읽으시는' 하나님의 시선과 마주하기도 합니다. 성경의 어느 부분만 편식하는 것이 아니라 성경을 총체적으로 읽으며 그 맛을 알게 되면, 하나님 뜻대로 사는 일이 부담이 아닌 기쁨이 됩니다. 지금 이 세상에는 세상 풍조에 휩쓸리지 않고 말씀 위에 든든히 서 있는 사람이 필요합니다. 반석 위에 세운 집은 나와 이웃 모두를 구원하는 생명의 집입니다.

키워드

#성경_이해에_대한_도움 #성경과_성숙 #나를_읽는_책 #탁류와_맞서다

연관 설문

'교회의 건강성 측정을 위한 조사' 개인 차원 45번

읽으면서
익어간다

✤

"모든 성경은 하나님의 감동으로 된 것으로
교훈과 책망과 바르게 함과 의로 교육하기에 유익하니"
디모후 3:16

'차라리 교회를 떠나 버리면 어떨까?' 이십 대 초반의 흔들리는 마음은 그렇게 말했습니다. 그만큼 공허했습니다. 순수했던 어린 시절의 신앙과 풋풋했던 중·고등학교 시절의 신앙생활은 아련한 추억으로 남아 있을 뿐, 당시 저의 마음을 붙잡아 주지는 못했습니다. 강력한 설교와 찬양으로 뜨거워진 예배당에 앉아 있을 때조차 '이방인'처럼 무감각했습니다. 설교에는 '아멘' 할 수 없었고 찬양 가사에는 동의할 수 없었습니다. 삐딱한 질문이 꼬리에 꼬리를 물었습니다.

오랜 방황 끝에 한 교회를 소개받고 쭈뼛쭈뼛 발을 들여 놓았습니다. 그리고 그곳에서 저의 마음을 슬며시 끌어당기는 뭔가를 발견하게 됐습니다. 그 은은한 힘의 정체는 '성경 읽기의 기쁨'이었습니다. 매주 토요일, 교회 지하 청년부실에 대여섯 명의 청년들이 모여 특별한 교재 없이 그저 성경을 읽고 생각을 나눴습니다. 그런데 이전에는 경험해 보지 못한 분위기를 느꼈습니다. 그 시간이 그렇게 기다려졌습니다. 함께 읽고 이야기하는 시간이 다른 어떤 시간보다 기뻤습니다. 그 기쁨의 힘으로 주일을 맞이했고 강단에서 선포되는 말씀과 온 회중이 함께 부르는 찬양은 저의 영혼 깊은 곳까지 스며들었습니다. 저의 마음은 여전히 흔들리며 좌충우돌하고 있었지만, 그 흔들림마저 포용하는 기쁨을 알아 버렸습니다. 그 마음이 말했습니다. '나는 교회를 떠날 수 없다.'

그 시절, 그 공간, 그 사람들을 감사함으로 떠올리며 곰곰 생각해 봤습니다. 도대체 뭐가 그렇게 좋았을까? 우선 무엇이든 질문할 수 있는 분위기가 좋았습니다. 목사님은 모든 질문을 환영하셨고, 청년들은 거침없이 자기 안의 생각과 의문을 쏟아 놓았습니다. 그러다 보니 자연스럽게 자기 삶의 이야기가 흘러나왔고, 성경의 이야기는 우리의 이야기와 뒤엉키며 더욱 친근하면서 호소력 짙은 메시지가 되었습니다. 빈 칸에 정답을 적어 넣어야 한다는 부담이나 강박 없이 성경의 이야기, 서로의 이야기에 귀 기울였습니다. 모호한 부분에 대해서는 섣부르게 결론을 내리기보다 계속 고민해 볼 수 있는 여지를 주었습니다. 또한 성경을 다각적, 다층적으로 음미하는 시간은 자연스럽게 현실을 바라보는 안목을 키워 주었습니다. 서로의 통찰력과 상상력을 즐기며 고개를 끄덕이고 한참 웃다가 고요히 함께 기도하던 그 시간⋯. 온갖 세속적인 자극에 노출되어 있던 젊은 나날이었지만, 마음의 중심에는 그 성경 공부가 있었습니다. 참 좋았습니다.

"정답 없이 정답게!" 제가 경험한 소그룹 성경 읽기의 근본적인 역동을 이렇게 표현해 봅니다. 미리 정해져 있는 정답定答이나 다른 견해를 허용하지 않는 정답正答에 집착하기보다는 솔직한 의심과 질문에 열려 있는 정답고 정겨운 소통의 분위기 안에서 우리를 향하신 하나님의 따뜻한 마음情이 모두의 마음을 부드럽게 어루만지는 것을 느끼는 시간이었습니다. 그때 우리의 마음은 이렇게 속삭입니다. '이보다 더 좋을 수는 없다!'

✦ 성장과 성숙을 위한 단 하나의 길

'교회의 건강성 측정을 위한 조사' 결과인 「한국교회 건강성 분석 리포트」에 의하면, 건강한 교회를 구성하는 개인 영역에 관련한 설문에서 성도들은 "나는 성경을 읽고 기도하면서 하나님과 가까이 살아가고 있음을 느낀다"에 75점을 주었습니다.

이것은 25개 항목 중 기도, 예배, 헌금, 죄의 유혹 거부, 하나님의 특별한 계획에 대한 추구에 이어 여섯 번째로 높은 수치입니다. 심지어 오랫동안 교회에 나가지 않은 가나안 성도에게도 성경은 여전히 중요한 역할을 하고 있었습니다(60.8점). 교회는 안 나가지만 여전히 성경을 통해서 하나님의 뜻을 찾고자 노력하고 있는 것입니다.

우리는 위의 설문을 기초로 좀 더 질문을 던져 보려고 합니다. 성경을 읽는다는 사람들은 '일주일에 몇 번' 또는 '얼마만큼' 읽고 묵상할까요? 그리고 그것이 개인의 신앙 성숙에 실질적으로 어떤 영향을 끼치고 있을까요?

미국 시카고의 유명한 교회인 윌로크릭 커뮤니티 처치

나를 넘어서는 힘

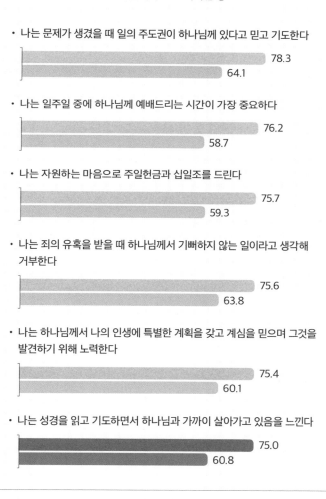

● **그리스도인의 신앙 생활(상위 6개, 100점 기준)** ●

■ 교회 출석자   ■ 가나안 성도

• 나는 문제가 생겼을 때 일의 주도권이 하나님께 있다고 믿고 기도한다

78.3
64.1

• 나는 일주일 중에 하나님께 예배드리는 시간이 가장 중요하다

76.2
58.7

• 나는 자원하는 마음으로 주일헌금과 십일조를 드린다

75.7
59.3

• 나는 죄의 유혹을 받을 때 하나님께서 기뻐하지 않는 일이라고 생각해 거부한다

75.6
63.8

• 나는 하나님께서 나의 인생에 특별한 계획을 갖고 계심을 믿으며 그것을 발견하기 위해 노력한다

75.4
60.1

• 나는 성경을 읽고 기도하면서 하나님과 가까이 살아가고 있음을 느낀다

75.0
60.8

Willow Creek Community Church가 시작하고 1,000개 이상의 다양한 교회가 참여한 '영적 생활 조사 발견'REVEAL Spiritual Life Survey 설문조사는 좀 더 구체적인 설문을 통해 개인의 성경 읽기 정도를 확인했습니다. 교인 다섯 명 가운데 단 한 명만이 '매일' 성경을 묵상하고 있었습니다. 이와 함께 충격적인 진단이 내려졌습니다. "가장 헌신적인 그리스도인들조차 그리스도의 명령과 거리가 먼 삶을 살고 있다." "교인 네 명 중 한 명꼴로 영적으로 침체되어 있거나 불만을 느끼고 있다." 겉으로 봤을 때는 엄청난 성장을 경험했고 소그룹과 주일예배, 자원봉사와 같은 교회 활동의 참여율도 높았지만 그런 '교회 활동'이 '영적 성장'과 비례하지 않는다는 사실을 확인하게 된 것입니다. 그래서 윌로크릭의 '영적 생활 조사 발견 프로젝트'(이하 '발견 프로젝트') 팀은 다시 한 번 철저하게 물었습니다. "성도들의 영적 성장을 돕기 위해 무슨 일을 해야 하는가?"

발견 프로젝트 팀은 그리스도인 개인을 네 개 그룹으로 나누었습니다.

• 그리스도를 알아가는 사람들 하나님은 믿지만, 그리스도에 대

나를 넘어서는 힘

한 확신은 없다. 이들의 삶에서 신앙은 큰 비중을 차지하지 않는다.

· 그리스도 안에서 성장하는 사람들 예수님과 인격적인 관계를 맺기 시작했다. 그분을 알기 위해 노력한다.

· 그리스도와 친밀한 사람들 예수님이 그들의 삶에 가까이 계심을 느끼며 매일 그분의 인도하심을 구한다.

· 그리스도가 중심인 사람들 예수님과의 관계가 가장 중요하다. 자신의 삶을 온전히 예수님께 내어드리고 그분의 뜻에 헌신하며 살아간다.

발견 프로젝트 팀은 각각의 그룹에게 교회에 바라는 것을 물었습니다. 여기서 아주 의미심장한 결과가 도출됩니다.

그리스도를 알아감	1. 그리스도와 인격적 관계를 위한 도움 2. 압도적 예배 3. 소속감 4. 성경 이해에 대한 도움(67%)
그리스도 안에서 성장	1. 그리스도와 인격적 관계를 위한 도움 2. 성경 이해에 대한 도움(82%) 3. 지도자들의 본보기 4. 압도적 예배

그리스도와 친밀함	1. 성경 이해에 대한 도움(88%) 2. 그리스도와 인격적 관계를 위한 도움 3. 지도자들의 본보기 4. 영적 성장에 대한 도전
그리스도 중심	1. 성경 이해에 대한 도움(90%) 2. 그리스도와 인격적 관계를 위한 도움 3. 지도자들의 본보기 4. 영적 성장에 대한 도전

조사 결과에 의하면, 개인 신앙과 관련하여 1단계(그리스도를 알아감)에서 2단계(그리스도 안에서 성장)로 넘어갈 때, 일주일에 서너 번 성경을 읽고 묵상하는 사람들의 비율이 두 배 이상 상승했습니다. 새로운 변화의 결정적인 지표는 성경을 더 깊이 이해하고픈 열망이었고, 그들이 교회에 원하는 것은 그 열망을 채워 줄 수 있는 도움이었습니다. 3단계(그리스도와 친밀함)와 4단계(그리스도 중심)에서는 그 갈망이 더욱 강렬해집니다.

교회의 리더십이 가장 관심을 가지고 최대한의 에너지를 쏟아부어야 할 영역이 분명하게 드러납니다. 발견 프로젝트 팀은 이렇게 정리합니다. "모든 단계의 사람들에게 가장 강력한 영향을 끼치는 신앙 훈련은 '성경 묵상'이다. (…) 성도들에게 규칙적으로 성경을 읽으라고 조언하는 것만으

나를 넘어서는 힘

로는 충분하지 않다. 우리는 이것을 당위의 문제로 가르쳐야 한다. 그것을 고집스럽게 요구하라. 그리고 계속해서 그 과정을 주시하라."[1]

묵상과 토론을 위한 질문

✦ 지난해를 돌아볼 때, 나는 성경을 더 깊이 이해할 수 있게 되었나요? 만약에 그렇다면 그럴 수 있게 도운 것은 무엇인가요? 그렇지 않다면 가장 큰 이유는 어디에 있나요?

✦ 내가 매일 성경을 가까이하는 데 가장 큰 걸림돌이 되는 것은 무엇인가요?

✤ 읽는다, 그분의 숨결!

인간은 읽는 존재입니다. 꼭 책이 아니더라도 온갖 매체와 모바일 기기를 통해서 읽고 또 읽습니다. 라틴어 동사 'legere'(레게레)는 '읽다'라는 의미와 함께 어떤 열매나 곡식을 '따다, 줍다, 따거나 주워서 간직하다'는 의미를 갖고 있습니다. 온몸으로 바닥을 훑으면서 먹을거리와 땔감을 모아야 했던 시절, 몸의 노력이 배어 있는 단어가 '읽다'인 셈입니다.

모든 것이 불확실하고 암담한 시대를 살아가는 우리에게 필요한 '읽기'는 어떤 것일까요? 시선을 끄는 자극을 따라 글자와 정보를 소비하는 읽기가 아니라 이 시대의 어둠을 뚫어 낼 수 있는 지혜를 정성껏 '따고 줍고 간직하는' 읽기가 필요합니다.

청년 디모데(티모+테오스=하나님을 경외하는 자)가 살던 세상은 어둡고 암담했습니다. "무릇 그리스도 예수 안에서 경건하게 살고자 하는 자는 박해를 받으리라 악한 사람들과 속이는 자들은 더욱 악하여져서 속이기도 하고 속기도 하나

나를 넘어서는 힘

니"(딤후 3:12-13). 올바르게 살아가려는 개인의 노력을 세상은 전혀 응원해 주지 않았습니다. 오히려 방해하고 박해했습니다. 바울은 그곳이 '속이고 속는 곳'이라고 말합니다. 한마디로 혼란스러운 세상입니다.

그런 혼돈 속에서 방황하며 살아가기 쉬운 청년 디모데에게 바울은 가장 중요한 한 가지를 강조합니다. 흔들리는 너를 단단히 붙잡아 줄 수 있는 책, 그래서 거룩한 책(성경)이 있다. 그 책을 매일 읽고 묵상하는 것만이 너를 도울 수 있다!'

성경은 능히 너로 하여금 그리스도 예수 안에 있는 믿음으로 말미암아 구원에 이르는 지혜가 있게 하느니라 모든 성경은 하나님의 감동으로 된 것으로 교훈과 책망과 바르게 함과 의로 교육하기에 유익하니(딤후 3:15-16)

먹고살기도 바쁜 세상에서 지혜, 교훈, 의로운 교육 같은 말이 공허하게 들릴 수 있습니다. 그런데 요즘은 청년들이 이런 말을 자주 합니다. "멋있게 늙고 싶다." 아직 앞길이 창창한데 '곱게 늙을' 고민을 합니다. 우리 인간은 금방 늙을 수밖에 없는 존재라는 걸 청년들도 알기 때문일까요?

학교에 다닐 때 은사님이 이런 말을 하셨습니다. "늙지 말고 익어가자." 그저 나이만 먹는 것이 아니라 열매가 익듯 하루하루 성숙해 가자는 의미일 것입니다, 그런데 그게 생각처럼 쉽지 않습니다. 그렇기 때문에 나를 바로잡아 줄 교훈, 고집스러운 나의 자아를 넘어서게 해 줄 의로운 가르침이 꼭 필요합니다.

바울은 성경만이 그 역할을 감당할 수 있다고 자신 있게 말합니다. 바울의 확신은 어디서 나온 것일까요? 말씀 안에 결정적인 단서가 나옵니다. 신약성경 전체에서 단 한 번 나오는 표현입니다. "모든 성경은 하나님의 감동(혹은 영감)으로 된 것으로…." 원문의 표현을 그대로 옮기면 이렇게 번역할 수 있습니다. "모든 성경은 하나님께서 숨을 불어넣으신 것이다"Every Scripture is God-breathed. "영감"inspiration이라는 말은 라틴어 '~안으로'라는 뜻의 'in'과 '숨 쉬다'라는 뜻의 'spirare'가 합쳐진 말입니다. 즉, 하나님이 숨결을 불어넣으신 책이 바로 성경입니다.

'하나님의 숨결'이라는 말을 들을 때 떠오르는 말씀이 있습니다. 온 세상이 창조되고 인간이 창조되던 때의 말씀입니다. "여호와 하나님이 땅의 흙으로 사람을 지으시고 생기를 그 코에 불어넣으시니…"(창 2:7). 나의 나 됨을 고민하는 사람에게 성경이 유일한 도움이 될 수 있는 것은 바로 여기에 온 세상을 지으시고 또 나를 지으신 하나님의 숨결이 있기 때문입니다. 바울은 그것을 체험했습니다.

성경을 읽다가 '뭔가를 들킨 것처럼' 깜짝 놀랄 때가 있습니다. 숨결이 느껴질 정도로 가깝게 다가와 묻는 소리가 들립니다. "아담(흙덩이), 너는 어디 있니? 지금 너는 뭘 하고 있니?" 나를 지으신 분의 숨결이 '기록된 말씀' 속에서 들려옵니다. 그분의 숨결을 느끼며, 내가 그분과 떼려야 뗄 수 없는 관계라는 사실을 소스라치게 확인시켜 주는 것이 바로 말씀의 특징입니다.

✛ 익어간다, 함께

성경을 읽으면서 성도는 익어갑니다. 늙어가는 것이 아니라 잘 익은 열매가 됩니다. 하나님의 호흡을 느끼면서 우리의 호흡도 길어집니다. 호흡이 길어진다는 건, 더 이상 작은 문제 앞에서 헉헉대지 않는다는 의미입니다.

그렇다면 하나님의 호흡이 담긴 말씀을 읽지 않을 때는 어떤 일이 벌어질까요?

모든 성경은 (…) 교훈과 책망과 바르게 함과 의로 교육하기에 유익하니 이는 하나님의 사람으로 온전하게 하며 모든 선한 일을 행할 능력을 갖추게 하려 함이라(딤후 3:16-17)

우리는 이 말씀에서 두 가지를 유추할 수 있습니다. *1.* 책망을 못/안 듣게 됩니다. 그래서 작은 지적에도 상처받았다며 주저앉습니다. 이런 사람에게는 *2.* 선한 일을 행할 능력이 없습니다. 이것을 뒤집으면 다음과 같은 메시지를 도출해 낼 수 있습니다. '쉽게 상처받고 무너지는 습성', '아무리 시간이 흘러도 선한 일에 힘을 내지 못하는 무능력'의 미성숙한 상태에서 벗어나는 길은 "교훈과 책망과 바르게 함과 의로 교육하는 데 유익한 말씀, 그래서 나를 온전하고 성숙하게 새로 빚어 모든 선한 일을 할 수 있는 능력을 주시는 말씀"과 만나는 것이라는 메시지입니다.

묵상과 토론을 위한 질문

✦ 주변을 돌아볼 때 '아! 저 사람은 참 성숙한 사람이다. 잘 익은 열매와 같은 사람이다' 하는 감탄이 터져 나오는 사람이 있나요? 그에게는 어떤 특징이 있나요?

✦ 성경을 깊이 읽다가 그분의 '숨결'이 가깝게 느껴진 구절이 있었나요? 그 부분을 읽을 때 나의 마음은 어떠했나요? 그런 만남이 있기 전과 있고 난 후의 삶에는 어떤 차이가 있나요?

✦ 하나님의 말씀을 제대로 읽지 않아서 생기는 미성숙함과 제대로 읽고 받아들여서 생기는 성숙함을 각각 떠올려 보고 적어 봅니다. 그리고 그것을 디모데후서 3장 16-17절 말씀과 나란히 놓고 묵상해 봅시다.

동아프리카의 한 시골 여인이
항상 성경을 옆에 끼고
주위를 걸어 다니곤 하였다.
그녀의 이웃들은 비웃는 투로 물었다.

"왜 언제나 성경을 가지고 다니니?
네가 읽을 수 있는 다른 책들도 많은데…"

그녀는 무릎을 꿇고
성경을 머리 위로 높이 쳐들며 말했다.

"맞아. 물론 내가 읽을 수 있는 책은 많지.
하지만 나를 읽는 책The Book that reads me은
오직 하나뿐이야!"[2]

'내가 성경을 읽고 있었는데…
성경이 나를 읽는 것을 느꼈다.'

당신에게도 그런 경험이 있나요?

나를 넘어서는 힘

당신과 가장
잘 어울리는 성경은?

- 이 책으로 함께 공부를 시작한 사람들이 모인다.
- 둘씩 짝을 짓고 지금까지 교회생활을 하면서 나의 삶과 신앙에 큰 영향을 준 사람, 사건, 말씀에 대해, 그리고 성경 중에서 가장 좋아하는 책에 대해 한 명씩 돌아가며 이야기한다.
- 방금 들은 이야기를 토대로 성경 66권 중에서 상대방에게 가장 잘 어울리거나 그 사람과 가장 닮은 책을 추천해준다.

예시

● "전도를 열심히 하시는 김 집사님은 '사도행전'과 꼭 닮았다는 생각을 했습니다."

● "권 집사님은 여호와 경외함을 지혜의 근본으로 삼으신 분이라는 생각이 들었습니다. 집사님은 저에게 '잠언' 같은 분입니다."

● "어려움 속에서도 기쁨을 잃지 않으시는 모습에 감동이 되었습니다. 권사님 이야기를 들으니 '빌립보서'가 생각납니다."

● "박 장로님이 교회 건축을 위해서 헌신하시는 모습은 많은 사람에게 모범이 되었습니다. 장로님은 무너진 예루살렘 성곽을 단기간에 쌓아올린 '느헤미야'와 같은 분입니다."

• 상대방이 동의하지 않으면 다른 책을 제안해 본다. 상대방도 완전히 받아들일 때까지 충분히 이야기를 나눈다.

• 전체가 한 자리에 모인다. 그때 나와 이야기 나눈 사람을 다음과 같이 소개한다.

"이분은 성경 66권 중에서 [   ]을 가장 많이 닮았습니다."

"이분의 삶에서는 [   ]의 메시지가 느껴집니다."

나를 넘어서는 힘

"이분은 앞으로 저에게 [   ] 입니다."

"저는 이분을 볼 때마다 [   ] 가 떠오를 것입니다."

• 상대방에게 명찰(아래 그림 참조)을 달아 주면서 말한다.

"당신은 [   ] 입니다. 당신이 계셔서 감사합니다."

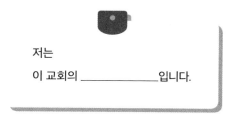

• 성경의 순서대로 둥글게 선다. 오늘은 비어 있는 책들이
  다음에는 채워지고 더 채워져서 66권이 완성될 날을 기
  대해 본다. 인도자(혹은 담임목사)의 기도로 마친다.

성경공부는
왜 중요한가요?

한국의 수많은 교회를 찾아가서 성경을 총체적으로 가르치는 "일타 강사" 양진일 목사. 그는 2023년에 『구약성경, 책별로 만나다』, 『신약성경, 책별로 만나다』(이상 비아토르)를 연이어 출간했다. 목회자와 평신도 온라인 성경공부 '길벗 모임'을 이끌면서, 말씀에 대한 열정이 체계적이고 지속적인 공부로 이어질 수 있도록 돕는 촉매자 역할을 하고 있다. 평신도 성경 대학, 청년부 수련회 강사로 전국을 다니며 성경의 주요 뼈대를 잡고 살을 붙여가는 치밀하고 치열한 강의로 한국교회를 섬기고 있는 그를 만났다.

Q. 우리 교회가 성경공부에 열정을 품은 교회가 되면 좋겠다는 생각을 하고 있습니다. 말씀으로 성숙한 삶, 성숙한 교회가 되기 위해선 어떻게 해야 할까요? 목사님의 조언을 듣고 싶습니다.

첫째는 가르치는 사람(들)이 중요합니다. 목회자들은 교회의 기본적인 사역들(예배, 선교, 문화 사역, 관리 등) 때문에 커리큘럼을 짜고 연구하는 데 많은 시간을 들이기 어려운 때가 많습니다. 성경공부를 전담하는 목회자를 세우는 것이 제일 좋지만 그럴 만한 상황이 되지 않는다면, 신뢰할 만한 외부 강사의 도움을 받는 것을 권합니다. 자신의 교회에 가장 적합한 커리큘럼을 짜고 대면이든 비대면 수업이든 일단 성경공부를 시작하는 것이 중요합니다.

둘째로, 한국교회에 필요한 것은 성경을 총체적으로 읽는 훈련입니다. 대부분의 한국교회가 성경을 편식하는 경향이 있습니다. 예를 들어 요한복음, 사도행전, 로마서, 갈라디아서, 에베소서, 빌립보서 등만 반복해서 읽는 것입니다. 성경을 총체적으로 골고루 섭취하지 못하니 균형 잡힌 발전을 이룰 수 없습니다. 성경공부에 관심이 많은 교인들도 다

람쥐 쳇바퀴 도는 것 같은 느낌을 받을 수 있죠. 이미 신앙생활의 연수가 긴 교인들에게는 지금까지 도전해 보지 않은 성경, 가령 공동서신이나 유다서, 히브리서, 예언서를 읽어 신앙생활을 더 풍요롭게 하는 것이 필요합니다.

마지막으로 인도자를 중심으로 성경공부를 한 후 토론 시간을 가지는 것이 중요합니다. 깨달은 것을 나의 손과 발에 적용하기로 결단하기 위해서는 일방적인 지식 전달에서 끝나는 것이 아니라 함께 토론하는 시간이 반드시 필요합니다. 선교 초기 황해도의 감바위골 교회에서 하나님의 말씀과 만난 사람들이 '부부 겸상', '아내에게 존댓말 하기' 등 파격적인 실천을 결단하고 실행에 옮긴 것처럼 말입니다.

Q. 이런 식으로 말씀을 읽고 공부하면 무엇이 달라질까요? 말씀을 잘 읽으면 우리의 삶도 잘 익어 갈까요?

물론입니다. 요즘 젊은 사람들도 우리의 선입견과는 달리 하나님의 말씀을 읽고 새기는 데 대단한 열정을 품고 있습니다. 제대로 알고 제대로 살고 싶은 마음이 내재되어 있는 것입니다. 그것을 일깨워 타오르게 해야죠. 말씀을 총

나를 넘어서는 힘

체적으로 읽고 머리와 마음으로 깨닫게 되면 하나님께 순종하고픈 마음이 점점 커집니다. 세상의 가치관에 맞서 하나님의 뜻을 결연히 붙잡는 것이 삶의 기쁨이 됩니다.

요즘처럼 혼란하고 암담한 상황에서 이리저리 휘둘리지 않는 신앙은 '이성적으로 설득된 신앙'입니다. "하나님은 과연 내 인생을 걸 만한 분인가?" 진지하게 묻고 성경공부를 통해 그 물음에 확실한 답을 내릴 수 있어야 합니다.

✦ 탁류에도 끄떡없는 나와 너의 집

'내가 잠시 가지고 있는 것'과 '나 자신'을 구별할 수 있습니까? 어려운 질문 같지만 사실은 한 번쯤 생각해 본 질문일 것입니다.

지금 입고 있는 옷이나 몸의 일부처럼 늘 지니고 있는 핸드폰 같은 것들은 모두 잠시 가지고 있는 것이지 '나 자신'은 아닙니다. 때로 우리는 내가 하는 일, 직장이나 조직에서 맡은 역할을 '나 자신'이라고 생각하기도 합니다. 그러나 곰곰이 생각하면 그것도 잠시 내가 가지고 있는 것에 불과합니다. 내가 나온 학교? 내가 맺고 있는 관계? 이것도 마찬가지입니다. 어쩌면 거울에 비친 나의 얼굴과 몸마저도 고스란히 나 자신이라고 할 수 없습니다. 오히려 내가 한동안 지니고 있는 것에 가깝습니다.

살다 보면 나의 의도와는 상관없이 엄청난 시련의 물살에 휩쓸릴 때가 있습니다. '도대체 왜 나에게 이런 일이 일어난 걸까?' 묻게 되는 순간입니다. 인정사정없는 물줄기는 내가 가지고 있는 모든 것을 모조리 휩쓸어 갑니다. 나의 직장, 나의 건강, 나의 관계, 나의 돈…. 그것들이 갑작스럽게

나를 넘어서는 힘

사라져 버렸을 때 우리는 비로소 알게 됩니다. '그것들 전부 내가 잠시 가지고 있던 것에 불과했구나!' 이 잔인한 깨달음을 피해 갈 사람은 한 명도 없습니다. 누구나 이런 무시무시한 홍수를 경험하게 됩니다. 그리고 여태껏 '나 자신'이라고 생각했던 것들이 한순간에 다 휩쓸려 갔을 때, 우리의 본 모습이 드러납니다.

혼돈의 물살이 지나간 후 무너져 버린 인생을 예수님은 이런 그림으로 설명하십니다. "듣고 행하지 아니하는 자는 주추 없이 흙 위에 집 지은 사람과 같으니 탁류가 부딪치매 집이 곧 무너져 파괴됨이 심하니라"(눅 6:49). 이 사람도 말씀을 듣기는 들었습니다. 믿음이 아예 없는 사람이 아니었다는 뜻입니다. 그러나 무너졌습니다.

예수님은 우리가 전혀 다른 집을 짓기 바라시면서 또 다른 그림을 보여 주십니다. 언제라도 그 이미지를 떠올리며 닮아 가라는 것입니다. "집을 짓되 깊이 파고 주추를 반석 위에 놓은 사람…"(눅 6:48). 우리는 이 사람을 마음으로 계속 그려야 합니다.

1. 그는 깊이 판다. 파고들어야 합니다. 말씀을 듣고 잠깐

생각해 보는 정도로는 부족합니다. 그렇게 쌓인 지식은 세상의 작은 바람에도 날아가 버립니다. 삽질을 해 본 사람은 흙으로 된 땅을 파서 1미터 내려가는 것이 얼마나 어려운지 압니다. 단단한 암반에 기초 작업을 하려면 어지간한 각오로는 안 됩니다. 힘들고 고되어도 포기하지 않아야 합니다. 말씀을 파고들 때는 이런 자세가 필요합니다.

2. **그는 명심한다.** 나를 지켜 주는 것은 나의 노력이 아닌 반석이라는 사실을 잊지 말아야 합니다. 나의 노력에만 집중하면 쉽게 지칩니다. 금방 파지지 않는 반석을 원망하게 됩니다. 열심히 파던 사람이 어느 날 낙심하게 되는 것도 이런 이유 때문입니다. '내가 열심히 팠다'에 꽂힌 겁니다. 그러나 중요한 것은 내게 '반석이 계시다'는 사실입니다. 우리의 반석이신 예수 그리스도가 계시기 때문에 그분의 말씀 위에 인생의 집을 지을 수 있다는 것이 가장 중요합니다.

그 반석을 의지하면서 말씀 속으로 깊이 파고드는 사람은 '잠시 가지고 있는 것'(나의 일, 나의 관계, 나의 행복)에 목매지 않고 반석이신 그분 안에서 '나 자신'을 발견합니다. 어떤 탁류에 부딪혀도 흔들리지 않는 '참된 나'가 드러납니다.

나를 넘어서는 힘

3. **그는 실천한다.** 지금은 흔들리지 않는 집이 필요한 때입니다. "탁류에 부딪치매" 무너져 심하게 파괴된 집과 요동하지 않는 집 중에서 하나는 "내 말을 듣고 행하지 아니하는 자"를 의미하고, 다른 하나는 "내 말을 듣고 행하는 자"입니다. 그렇다면 예수님이 앞에서 어떤 말씀을 하셨는지(눅 6:27-45)를 살피는 것이 필요합니다.

"원수를 사랑하라", "너희 아버지의 자비로우심같이 너희도 자비로운 자가 되라", "정죄하지 말라", "먼저 네 눈 속에서 들보를 빼라", "너희가 만일 너희를 사랑하는 자만을 사랑하면 칭찬받을 것이 무엇이냐?" 네 편과 내 편으로 나누어 끼리끼리 어울리고, 우리에게 적대적인 사람들의 공격에 맞서서 똑같이 적대적인 방식으로 대응하는 것을 경고하시는 말씀입니다. 예수님은 아주 구체적인 실천을 요구하십니다. "너희는 나를 불러 '주여, 주여' 하면서도 어찌하여 내가 말하는 것을 행하지 아니하느냐?"(눅 6:46)

개역개정 성경을 읽으면서 유난히 눈에 띈 단어가 '탁류'濁流(탁하고 흐린 물살)입니다. 그리스어 원문의 포타모스ποταμός는 강물, 혹은 홍수를 뜻하는 단어입니다. 홍수가 나면 흙탕물이 콸콸 흘러가니까 '탁류'로 의역한 것 같습니다.

탁류라는 말과 함께 떠오른 소설이 있습니다. 일제 강점기, 한국의 대표적인 소설가 채만식의 『탁류』입니다. 맑게 흐르는 강물처럼 아름답고 똑똑했던 스물한 살의 여인(정초봉)이 1930년대를 살아가며 저급한 자본주의, 사람들의 너절한 욕망, 무심하고 무책임한 사회의 흙탕물에 휩쓸려 만신창이가 되어 버리는 이야기를 실감나게 담아낸 소설입니다. 너도 나도 '제 것'을 지키려는 진흙탕 싸움 속에서 결국 자기 자신도 '탁류'가 되어 버린 현실에 주인공은 결국 극단적인 일을 저지릅니다. 거의 백 년 전, 이 땅의 젊음들을 비참하게 무너뜨린 탁류는 지금도 무섭게 흐르고 있습니다.

극단적인 개인주의, 소비주의, 이념과 계층의 갈등, 좌우 갈등, 상호비방, 편 가르기, 가짜 뉴스, 악성 댓글과 욕설의 탁류가 거침없이 소용돌이치며 낙심한 영혼들을 삼키고 있습니다. 이런 현실 속에서 우리는 다짐합니다. '주님, 반석과 같은 말씀을 파고들어 인생의 집을 짓겠습니다. 큰물이 나서 탁류가 부딪쳐 와도 끄떡없는 집을 짓겠습니다.' 우리만 안전하고 평안한 삶을 누리기 위해서입니까? 아닙니다.

나를 넘어서는 힘

그런 집이 있어야(그런 집이 되어야) 탁류에 휩쓸려 죽어가는 사람을 구해 낼 수 있기 때문입니다. 그 어느 때보다도 그런 집이 필요한 때입니다.

'잠깐 가지고 있다가 잃어버릴 수밖에 없는 것'을 영원한 것으로 착각하는 사람들이 만들어 내는 욕망과 경쟁, 미움과 대결의 탁류에 속절없이 무너져 떠내려가는 인생을 구해 내야 하지 않겠습니까? 말씀의 심장, 반석을 깊이 파고들어 어떤 탁류에도 든든하게 버텨 내는 집이 되는 꿈을 꿉니다. 전에는 생각도 하지 못한 일이지만, 나와는 다른 견해를 가진 사람마저도 아버지의 자비로우심 같은 자비로움으로 품을 수 있는 넉넉하고 튼튼한 집이 되는 꿈을 꿉니다. 우리는 그 꿈을 꾸는 사람들입니다.

묵상과 토론을 위한 질문

✦ 갑작스러운 시련의 물살, 탁류가 몰려와 여태껏 '나 자신'이라고 생각했던 것들이 한순간에 다 휩쓸려 간 때가 있나요? 나는 그 때를 어떻게 헤쳐 나올 수 있었나요?

✧ 누가복음 6장 20-45절 말씀(예수님의 평지 설교)을 천천히 소리내어 읽어봅니다. "듣고 행하는 자"(47절)가 되기 위해서 꼭 행하겠다고 다짐한 구절은 무엇입니까?

✦ 우리 사회를 가장 무섭게 휩쓸고 있는 탁류는 무엇일까요? 탁류에도 쓰러지지 않는 집이 되어서 꼭 건져 내고 싶은 사람이 있나요?

▶ 찬양
204장 주의 말씀 듣고서 _작사 민로아 F.S.Miller · 작곡 P.P.Bliss

▶ 함께 기도합니다
지혜의 주님, 온통 혼란스러운 세상을 방황하는 우리에게 말씀을 주셔서 감사합니다. 하나님의 숨결이 역동하는 말씀, 힘 있는 그 말씀이 시원한 바람처럼 내 영혼에 불어옴을 경험하게 하옵소서. 진리로 우리를 거룩케 하는 말씀, 때로는 나를 책망하시는 말씀으로 우리가 온전해지게 하시고, 모든 선한 일을 행할 능력을 주시는 말씀을 굳게 붙잡아 나도 남도 살리는 성숙한 삶을 살아가게 하옵소서. 예수님의 이름으로 기도합니다. 아멘.

나를 넘어서는 힘

3장

*

분별

분열의 덫
분별의 빛

한눈에 읽기

수많은 사이비·이단의 가르침이 우리의 신앙과 공동체를 위협하고 있습니다. 잘못된 가르침에 속수무책으로 넘어가지 않으려면 맹목적인 믿음이 아니라 분별하는 믿음이 필요합니다. 내가 마주하고 있는 것이 진실인지 아닌지 분별하는 역량과 더불어, 내가 하는 말과 행동이 예수님의 사랑에 잇대어 있는지 성찰하는 역량도 중요합니다. 그래야 분열의 덫에 걸리지 않을 수 있습니다.

키워드

#이단사이비 #모략전도 #분별 #성육신

연관 설문

'교회의 건강성 측정을 위한 조사' 개인 차원 57번

분열의 덫
분별의 빛

"사랑하는 자들아 영을 다 믿지 말고
오직 영들이 하나님께 속하였나 분별하라"

요일 4:1a

얼마 전에 한 청년에게서 이런 이야기를 들었습니다. 과거에 함께 신앙생활을 했던 자매가 자꾸 만나자고 연락을 해 왔답니다. '아주 친한 사이도 아니었는데 왜 그러지?' 이상하게 생각하던 차에 이번에는 '현직 의사가 알려주는 멘탈 관리' 교육을 함께 듣자고 제안했다는 겁니다. 직감적으로 뭔가 수상하다는 생각이 들어 저에게 알린다고 했습니다.

코로나19 이후 언론에 널리 알려진 신천지 사이비·이단

집단은 많은 전문직 종사자를 확보하고 그들을 통해 포교에 열을 올리고 있습니다. 온라인 Zoom 교육, MBTI 및 에니어그램 검사, 대학교 동아리, 청년 멘토링, 커피 축제, 뷰티 클래스, 밴드 공연, 캘리그래피 전시회, 연극 공연 등 방법도 다양합니다. 심지어 지방자치단체에 공식적으로 사업계획서를 제출하고 공연을 열어서, 아무 의심 없이 공연을 보러 온 청년들의 개인정보를 이용해 포교를 시작합니다. 실제로 행사장에서 먼저 접근하는 대다수의 청년들은 신천지에 소속된 청년들입니다. 최근에는 '당근 마켓'이나 '만남 모임 어플'을 통해서도 포교 활동을 하고 있습니다.

'모략전도'는 신천지 포교 방법의 가장 큰 특징입니다. 저는 이 모순된 단어 조합 속에 신천지의 실체가 압축되어 있다고 봅니다. 모략謀略은 '남을 해치기 위하여 사실을 왜곡하거나 속임수로 남을 해롭게 함'이라는 뜻이고, 전도傳道는 하나님 나라의 올바른 길과 가르침道을 세상에 전하는 것입니다. 하나님 나라의 올바른 길은 전하는 방법도 올바른 것이어야 합니다. 그런데 모략전도는 전도를 위해서라면 거짓도(거짓된 방법도) 무방하다는 전략입니다. 한 사람을 속이기 위해 20명이 각본까지 짭니다. 그 사람이 무얼 좋아하는지,

어디를 자주 가는지, 평소에 무엇을 하는지를 미리 파악하고 여러 명이 함께 움직입니다. 이것 자체가 그들이 전하는 도가 참 진리가 아니라는 증거입니다. "모든 거짓은 진리에서 나지 않기 때문이라"(요일 2:21b). 진리는 그것을 드러내는 방식도 진실합니다. 따라서 그들이 거짓된 방식을 사용하는 것은 결국 그 내용이 거짓이기 때문입니다.

신천지의 특징	대표적인 교리
• 모략전도 • 신분을 속이고 각종 매체로 접근 • 결국 성경공부로 이끌어 냄 • 거짓말로 전도함	• 성경은 비유로 된 책이다. • 성경은 감추어진 책이다. • 시대별 구원자가 있다. • 영은 육을 들어 역사한다. • 기도 응답방법, 선악구분, 예언과 성취 • 비유, 수수께끼 풀이 (비유를 모르면 천국에 들어가지 못한다)

신천지의 모략전도에 넘어가지 않기 위해서 아래 내용을 반드시 유념해야 합니다.

- 지하철, 길거리 설문지 절대 금물

- 지인의 갑작스런 심리상담 주의

- 교재 복사비 5-6만원만 내고 하는 무료 성경공부 금지

   (예: 월,화,목,금 / 6-7개월)

- 밖에서 개인적으로 하는 성경공부 금물
- 당근마켓 등 만남 모임 어플 후 심리상담 주의
- 온라인 심리상담 후 성경공부 금지

✦ 분별의 빛이 필요한 시대

'교회의 건강성 측정을 위한 조사' 결과인「한국교회 건강성 분석 리포트」를 보면 그리스도인들이 '사이비와 이단'의 활동에 대해 나름의 경각심을 가지고 있는 것을 알 수 있습니다.

"나는 인터넷에서 기독교에 관한 이야기를 들으면 그것이 사이비 혹은 이단인지 여부를 구별할 수 있다"는 문항에 교회에 다니는 성도들은 73.7점을 주었습니다. 사이비·이단의 포교 활동은 온라인상에서도 활발하게 이루어지고 있으므로 이러한 구별 능력은 더욱 지속적으로 키워 나가야 합니다. 그리고 이것은 개인의 역량에만 맡길 것이 아니라 교

• 사이비 혹은 이단 구별 여부(100점 기준) •

■ 교회 출석자 ■ 가나안 성도

• 나는 인터넷에서 기독교에 관한 이야기를 들으면 그것이
사이비 혹은 이단인지 여부를 구별할 수 있다

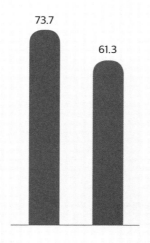

73.7

61.3

회 공동체적 차원에서 함께 고민하며 배워 나갈 필요가 있습니다.

한국기독교목회자협의회에서 엮은 『한국 기독교 분석 리포트』(2023 한국인의 종교생활과 의식조사 1998-2023)를 보면, 정통 교회에 출석하는 개신교인 중 30.3%가 이단으로부터 전도를 받은 경험이 있다고 응답했습니다. 한국교회의 대부분의 개신교인들은 이단 활동의 심각성을 느끼고 있고(86.9%), 매우 심각하다고 생각하는 사람들도 절반 이상(50.4%)이었습니다. 설문조사에서 또 한 가지 눈에 띄는 것은 이단으로부터 포교를 받은 경험이 전 연령대에 걸쳐 고르게 나타났는데 특히 2-30대 젊은이들에게서 상대적으로 높았다는 사실입니다.[1]

묵상과 토론을 위한 질문

✦ 내 주변에 가족이나 친지, 친구가 신천지(혹은 그 밖의 사이비·이단)에 빠져 괴로움을 겪고 있는 사람이 있나요? 지금은 어떤 상태인가요?

✦ 우리 교회는 사이비·이단 집단이 야기하고 있는 사회적 문제 및 신학적 혼란과 관련하여 어떤 대비책을 마련하고 있나요?

✛ 다 믿지 말고 분별하라

몇 년 전 일입니다. 친한 교인이 메시지를 보내왔습니다. 어느 이슬람 국가에서 선교사들이 사형 판결을 받고 갇혀 있는 상황이니 기도를 부탁한다는 내용이었습니다. 또 이 메시지를 최대한 많은 사람에게 전달해서 기도에 동참할 수 있게 해 달라고 했습니다. 저뿐만 아니라 많은 교인들이 이 문자를 받았습니다. 그리고 며칠 후 이것이 가짜 뉴스라는 사실이 밝혀졌습니다. 하지만 이미 이 메시지는 수많은 그리스도인들에게 전파됐고, 며칠 동안 우리의 간절한 기도 제목이었습니다. 허탈하고 씁쓸했습니다. 이런 일이 한 번의 해프닝일까요?

요즘도 가짜 뉴스의 폐해가 엄청납니다. 그런데 유독 그리스도인들이 가짜 뉴스에 잘 빠진다고 합니다. 아세아연합신학대학교에서 미디어를 가르치는 이수인 교수는 그 원인을 이렇게 진단합니다. 일단 그리스도인은 기본적으로 남을 잘 믿는다는 것입니다. 그러다 보니 '가짜' 뉴스인데도 그냥 받아들이는 경우가 많습니다. 또 하나, 한국교회 내에 '아멘'과 '순종'을 강조하는 문화가 있는데, 이것이 부정적으로 발전하면 반反지성주의가 되기 쉽다는 것입니다. 그래서 이수인 교수는 오히려 교회 안에서 비판적 사고가 더 필요하다고 주장합니다. 어떤 말을 들으면 먼저 참인지 거짓인지 주의 깊게 따져 봐야 한다는 것입니다. 교회의 리더, 일부 목사의 말을 덮어놓고 믿는 건 진정한 신앙이라고 할 수 없습니다. 하나님이 우리에게 주신 이성의 불을 밝히고, 무엇보다 성경 말씀에 근거해서 무엇이 참인지를 가려낼 수 있어야 합니다.[2]

혼란의 시대를 살아가는 그리스도인에게 꼭 필요한 이 능력을 성경은 '분별'이라 부릅니다. 바울 사도는 이렇게 강조합니다. "너희는 이 세대를 본받지 말고 오직 마음을 새롭게 함으로 변화를 받아 하나님의 선하시고 기뻐하시고 온전하신 뜻이 무엇인지 분별하도록 하라"(롬 12:2).

주후 90년 경, 초대교회는 심각한 어려움에 부딪혔습니

나를 넘어서는 힘

다. 예수님에 대해 잘못된 이야기를 퍼뜨리고 다니는 사람들이 생겨난 것입니다. 많은 사람이 거기에 미혹되어 분열을 일으키고 교회 공동체를 떠나 버렸습니다. 요한 사도는 이 문제를 해결하기 위해서 세 편의 편지를 쓰는데, 그것이 요한1서, 요한2서, 요한3서입니다.

이 편지에는 독특한 표현이 나옵니다. 바로 "적그리스도"Antichrist입니다. 요한계시록에서는 무서운 괴물, 혹은 사탄을 상징하는 말로 쓰입니다. 그런데 요한 사도는 예수님에 대한 잘못된 지식을 가르치는 자들, 그것으로 교회 공동체를 분열시키는 자들을 "적그리스도"라고 부릅니다.

초대교회에는 거짓 예언자들의 미혹에 넘어가는 사람들이 많았습니다. 안 그래도 세상의 핍박으로 고난 중에 있는데, 거짓된 가르침까지 더해져 교회가 분열로 몸살을 앓아야 했습니다. 그래서 요한 사도는 강력하게 촉구합니다. "사랑하는 자들아 영을 다 믿지 말고 오직 영들이 하나님께 속하였나 분별하라 많은 거짓 선지자가 세상에 나왔음이라"(요일 4:1).

✦ 예수 그리스도가 육체로 오신 것을 시인하는 영

사이비·이단은 이미 오래전부터 교회를 위협하고 분열시켰습니다. 그 분열의 덫에 걸려 많은 사람들이 혼돈 속으로 빠져들어 갔습니다. 영적인 것처럼 보이는 말이 사실은 무지와 거짓에 기초한 무서운 덫이었던 것입니다. 이 덫을 놓은 것은 사탄입니다. 사람과 사람 사이를 찢어dia 서로 반대 방향으로 내동댕이치는 힘bolos, 곧 사탄디아볼로스, diabolos이 교회를 분열시키고 우리의 마음을 분열시킵니다. 정신을 똑바로 차리고 거짓의 영, 사탄의 영에 휘말리지 않는 것이 중요합니다. 이 분열의 덫에 걸리지 않기 위해서 우리에게 필요한 것은 '거짓을 피하는' 분별의 빛입니다.

그런데 저는 여기서 또 하나의 중요한 빛을 소개하고 싶습니다. 바로 '참된 것을 굳게 붙잡는' 분별의 빛입니다. 이것은 이단이 놓는 덫만이 아니라 나 자신의 생각과 말과 행동이 의식적·무의식적으로 만들어 내는 분열의 덫이 있다는 것을 가만히 성찰하는 데서 시작됩니다. 사이비·이단에 빠지지 않기 위해, 그리고 나 자신에게 걸려 넘어지지 않기 위해 우리는 하나님께 속한 진리의 영을 잘 분별하고 거기 속한 삶을 살아야 합니다. 요한 사도는 그런 삶을 위한 핵심적인 기준을 제시합니다.

> 너희가 하나님의 영을 알지니 곧 예수 그리스도께서 육체로in the flesh 오신 것을 시인하는 영마다 하나님께 속한 것이요(요일 4:2)

초대교회의 많은 거짓 교사들이 예수님은 영으로만 오셨다고 주장했습니다. "높고 거룩하신 하나님이 어떻게 이 낮고 천한 육체, 냄새 나는 육체, 늙고 병들어 결국은 죽고 썩어서 사라지는 육체로 올 수 있어? 아니야, 그분은 영으로 오셨어! 예수님의 사역과 십자가는 사람들 눈에 얼핏 육체의 일처럼 보였지만 사실 예수님은 순수한 영으로 오셨다가 순수한 영으로 돌아가신 거야." 그럴싸한 말입니다. 하나님이 우리와 똑같이 죽을 육체로 오셨다? 이것이야말로 맨정신으로 받아들이기 힘든 말이었습니다.

교회에는 장례가 참 많습니다. 고인의 육체를 작은 관에 모시는

입관예식, 그 관을 가지고 화장장으로 떠나는 장례예식을 치를 때 저는 이런 말을 합니다. "80여 년의 세월 동안 우리 곁에 머물렀던 권사님의 육체가 작은 관에 모셔졌습니다. 권사님은 이 육체로 우리를 만나셨고 우리의 손을 잡아 주셨고 우리 곁에 계셨습니다."

장례를 치를 때마다 '육체'에 대해서 묵상합니다. 그러면서 우리가 육체로 살기 때문에 생생하게 겪게 되는 것은 딱 두 가지라는 결론에 도달했습니다. 하나는 육체의 고통입니다. 육체가 없다면 몸의 고통을 겪을 일이 없습니다. "권사님은 이 육체로 온갖 시련과 질병을 겪으셨습니다." 육체가 있기에 아픈 겁니다. 또 하나는 사랑입니다. 육체가 있기에 우리는 사랑을 할 수 있습니다. "권사님은 이 몸으로 사랑하시고 주변 사람들을 돌보며 어루만져 주셨습니다." 그래서 (아무리 영의 부활을 믿는다고 해도) 그 육체와 이별하는 것이 슬프고 눈물이 나는 겁니다. 몸에 닿는 사랑, 그래서 마음 깊은 곳까지 와닿는 사랑을 육체 없이는 할 수 없습니다.

예수님이 고통당하는 육체로 오셨음을 시인하는 영, 고통 속에서도 끝까지 사랑하는 육체로 오셨음을 인정하고 받아들이게 하는 영이야말로 진리의 영, 하나님께 속한 영입니다.

나를 넘어서는 힘

사이비·이단을 대하는
바람직한 태도에 관하여

윤재덕 종말론사무소 소장은 성경적인 종말론 및 사이비·이단 문제에 관한 바른 대처를 주제로 수영로교회, 선한목자교회 등 수많은 교회를 다니며 강연을 하고 있다. 또한 주요 언론과 방송 (CBS 김현정의 뉴스쇼, 그것이 알고 싶다 등)에 출연하여 사이비·이단 문제에 대한 명확한 정보와 명쾌한 해법을 제시함으로써 주목받고 있는 신학자이자 상담가다.

Q. 많은 교회들이 교회 내 신천지의 포교를 막기 위해서 "신천지 출입 금지" 스티커를 붙이거나 배너를 세워 놓고 있는데 이런 식의 대응에 대해 어떻게 생각하시나요?

어떤 행동의 이면에는 그 행동이 나올 수밖에 없는 생각의 과정이 있습니다. 그런 스티커를 붙이거나 배너를 세우는 것은 신천지 교인들에 대한 경계심과 두려움, 그리고 우리 교회를 지켜야 한다는 책임감에서 나옵니다. 실제로 신천지 교인들이 교회에 잠입해서 예배를 방해했던 전례가 있었고, 여기에 법적으로 대응하기 위해서 사전 고지 형식으로 그런 조치를 취하는 것이죠.

저는 교회가 어떤 문제를 의식하고 해결하는 방법이 예수님을 닮아야 교회다운 교회가 될 수 있다고 생각합니다. 예수님은 자기 생존을 위해서 일하지 않으셨습니다. 오히려 위험을 감수하더라도 타인의 생명을 위해서 일하셨습니다. 따라서 교회가 그저 '우리 교회를 지켜야 한다'는 생각으로 사이비·이단 문제에 대처하는 것은 그다지 교회답지 못한, 상당히 불충분한 해결 방식이라고 봅니다. 신천지가 득세해서 교회를 위협하는 것을 걱정하기보다는 교주가 죽은

나를 넘어서는 힘

후에 신천지에서 쏟아져 나올 많은 사이비·이단 피해자들을 어떻게 맞을 것인가를 고민하는 것이 훨씬 더 교회답다고 생각합니다.

우리는 요한계시록 2장에 나오는 에베소 교회의 사례를 잘 생각해 봐야 합니다. 에베소 교회는 주님으로부터 "너희가 이단 방어를 잘했다"라는 칭찬을 받았지만 '처음 사랑을 잃어버린 것'을 이유로 "촛대를 옮기리라"는 경고도 받았습니다. 처음 사랑을 회복하라는 메시지는 단순히 예수님을 처음 만났을 때의 격정적인 감정을 회복하라는 뜻이 아닙니다. 위험이 있더라도 사회에서 배제된 사람, 당시 유대 사회가 사람 취급을 하지 않던 사람들을 끌어안을 수 있어야 한다는 뜻입니다.

이를 위해서 교회는 교육을 철저하게 갱신하려는 노력이 필요합니다. 교인들이 자신이 갖고 있는 기독교 신앙을 올바르게 이해할 수 있어야 합니다. 이단이냐 아니냐를 감별하는 방법만 신경 쓸 것이 아니라, 온 교인이 기독교인의 신념을 제대로 이해하고 고백할 수 있도록 돕는 교육으로 방향을 선회할 필요가 있습니다.

우리 안에 "끌어안을 만한 역량"이 있어야 합니다.

Q. 신천지를 비롯한 사이비·이단의 포교 활동과 관련하여 교회 구성원들(특히 임원들)이 꼭 알아야 하는데 너무 모르거나 오해하고 있는 것이 있을까요?

첫째, 적대적인 대처가 결코 능사가 아니라는 걸 알아야 합니다. 교회 vs. 사이비·이단의 대결 논리/구도가 한국 교회에 일반화되어 있습니다. 사이비·이단과 '맞서 싸우는 것'을 강조하는 분위기가 지배적이죠. 그러나 저는 이단에 빠진 사람들을 참된 성경 이야기를 몰라서 시행착오를 겪으며 피해를 입은 이웃으로 보는 시선이 필요하다고 생각합니다.

둘째, 사이비·이단에 빠진 사람들은 뭔가 정서적인 문제나 결핍이 있을 거라는 생각에서 벗어나야 합니다. 건전한 가정에서 부모님의 사랑을 받으며 잘 지내던 사람들도 신천지 교인이 되곤 하거든요. 신천지 교인에게는 내적으로 어떤 문제가 있을 거라는 생각은 근거 없는 우월의식입니다.

나를 넘어서는 힘

마지막으로, 사이비·이단 경험자들은 성경을 잘 안다는 오해가 있습니다. 그들은 성경을 잘 아는 게 아니라 그저 가르치는 내용을 훌륭히 암기하고 스피치 훈련을 받았을 뿐이에요. 실제로 성경 본문을 깊이 묵상한다거나 본문의 의미를 제대로 이해하고 있는 것은 아닙니다. 그런데 많은 그리스도인들이 '저들은 성경을 잘 아니까 만나면 내가 당할 거야!'라고 생각합니다.

결론은 간단합니다. 거짓된 소문에 사로잡힌 이들에게 진실한 이야기를 전달해 줄 책임이 교회에 있다는 것입니다. 저는 이것이 교회에서 중책을 맡은 분들의 책임이라고 생각합니다.

거짓된 소문에 사로잡힌 사람들에게
진실한 이야기를 전달해 줄 책임이 있습니다.

Q. 사이비·이단에 빠지는 일을 막기 위해서 교회에서 최소한 이것만큼은 꼭 준비하고 실행해야 한다고 생각하시는 것이 있다면 말씀해 주세요.

일단 능동적 측면에서, 우리의 교회 교육을 반성하고 개선해야 합니다. 교회에서 유초등부, 청소년부, 청년부를 거친 사람이라면 적어도 역사적인 맥락(1세기 유대교)에서 예수님을 잘 이해하고 표현할 수 있어야 합니다. 문제는 그동안 우리의 신앙이 단순한 신앙고백 정도에서 머물렀다는 겁니다. 혹은 목사님의 설교만 잘 들으면 된다고 생각해 온 겁니다. 그래서 오늘날 사이비·이단들의 강력한 교육에 의해 그릇된 신념을 말하는 사람들을 교회가 대처할 수 없게 된 것입니다. 그동안의 교회 교육이 어떤 점에서 문제였는지를 실무자들이 머리를 맞대고 고민하며 개선할 필요가 있습니다. 이것이 능동적 측면입니다.

수동적 측면은, 만약 교회 바깥에서 성경공부를 소개받는다면 반드시 교회 공동체와 이 사실을 공유하는 걸 철칙으로 삼는 겁니다. 신천지만 하더라도 교리적 이단이기 때문에 신천지 교인이 되기 위해서는 약 1년 가까이 온라인으로든 오프라인으로든 공부를 해야 합니다. 그 공부가 끝나야 수료식이라는 대형 행사를 통해서 정식 교인이 됩니다. 그 전까지는 신천지 교인이 아닙니다. 이것이 무슨 뜻입니까? 지역 교회 교인이었다가 신천지 교인이 된 사람이 있다면, 그 사람은 거의 1년 동안 교회 밖 성경공부를 유지했다는 이야기입니다. 그만큼 교회와의 관계가 피상적이었다는 거죠. 일주일에 한 번 만나서 "일주일 동안 뭐하며 지냈어요?" "잘 지냈어요." 가벼운 인사를 나누고 다음 주에 또 "한 주간 별일 없었어요?" "네, 잘 지냈어요." 이러고만 있으니 훨씬 더 친밀한 관계를 누리고 있는 신천지 교인들과의 오랜 성경공부를 교회에 함구하게 되는 겁니다. 교회에서 중책(항존직)을 맡은 이들이 교회 구성원의 교회 밖 성경공부 여부를 알아내기만 해도 그 교회 공동체 안에 신천지 교인이 생길 확률은 제로에 가깝습니다.

Q. 가까운 사람들(가족, 친지, 친구, 교인 등) 중에서 사이비·이단에 빠진 것 같은 (혹은 이미 확인된) 사람이 있을 때 어떻게 대처해야 할까요?

자녀의 책상 서랍을 무심코 열어 봤는데 그 안에 신천지 전단지가 가득했다며 놀라서 연락을 주시는 권사님, 장로님이 많습니다. 그때 가장 먼저 해야 하는 일은, 마음을 가라앉힌 상태에서 당사자(아들, 딸)의 경험담을 듣는 것입니다. 소위 전문가라고 하는 사람들과 소통하면서 스파이처럼 당사자의 뒤를 밟는 등의 일을 시작하는 것이 아니라 충분히 듣겠다는 마음으로 대화하는 것입니다. 예수님을 따르는 사람들의 방법은 진실에 기초하지 않으면 안 됩니다. "엄마가 이걸 발견했는데 어떻게 된 일이야? 일단 엄마는 너를 존중할게. 너한테도 분명히 사연이 있고 이유가 있을 거야. 우선 들어 보고 싶어."

신천지에 들어간 젊은이들은 다음과 같은 교육을 받습니다. '자식이 신천지 교인이 된 걸 부모가 알게 되면 개정 교육을 하는 목사들과 공모해서 아무 일도 없는 척하고 있다가 어느 날 갑자기 납치해서 몇 달 동안 펜션에 가둔 후 개정 교육을 한다.' 그래서 당사자인 청년은 부모의 태도가 조금이라도 바뀌면 일단 의심을 하고 더욱 진실을 숨기려고 합니다.

설령 (이단에 빠진) 당사자가 당장에는 제대로 된 이야기를 하지 않는다 할지라도 끈기를 갖고 진실한 소통을 하기 위해 애를 써야 첫 단추를 제대로 낄 수 있습니다. 먼저 당사자의 솔직한 이야기를 들어 봅니다. 그리고 나서 이와 같은 경험을 갖고 있는 사람들에게 조언을 구하는 것이 합당

나를 넘어서는 힘

한 순서입니다.

예수님을 따르는 사람들의 방법은
진실에 기초해야 합니다.

물론 쉽지 않은 일입니다. 그러나 이 긴장을 든든히 견뎌 나갈 때 비로소 사이비·이단과 그 당사자 사이를 벌려 놓을 수 있습니다. 진실하지 않으면 죽도 밥도 안 된다는 사실을 꼭 말씀드리고 싶습니다.

Q. 사이비·이단에서 말하는 종말(신앙)과 성경이 말하는 종말의 가장 중요한 차이는 무엇인가요? 그것이 사이비·이단의 주장을 효과적으로 반박하는 근거가 될 수 있을까요? 아니면 아예 반박하려는 시도를 내려놓아야 할까요?

 종말은 성경의 모든 약속과 예언이 성취되는 시기를 뜻하는 예언서의 표현입니다. 언약과 예언이 성취되는 것이니 상당히 좋은 표현이죠. 믿음을 지키며 살아온 사람들이

종말의 날에 기쁨을 얻고 하나님의 영을 받게 되는 일이 벌어집니다. 그런데 안타깝게도 이 종말에 대해서 대부분의 교인들이 잘 모릅니다. 교회가 충분히 가르치지 못했기 때문입니다. 그 빈 공간을 할리우드 영화들이 꿰차는 바람에, 종말은 사람들이 싫어하고 꺼리는 것이 되어 버렸습니다. 기독교인들마저도 자기의 보금자리가 파괴되는 날이라고 생각하며 종말에 대한 관심을 치워 둔 채 살고 있습니다. 그 덕분에 사이비·이단들이 종말에 대한 이야기를 독점하고 말았죠. 저는 종말론이야말로 성경 전체를 이해하도록 돕는 '등뼈'라고 생각합니다. 참된 종말론의 토대 위에서 창세기부터 계시록까지의 거대한 서사를 표현할 수 있어야 합니다.

신천지 교회는 모든 수업이 끝날 때 스피치 훈련을 하는데 한국교회에는 그런 것이 없습니다. 그냥 목사님 설교를 들으면 끝이죠. 초대교회 사람들은 대부분 문맹이었지만, 아브라함으로 시작해서 예수 그리스도라는 결말에 이르는 이야기를 할 줄 알았습니다. 지금 우리에게 제일 필요한 것은 바른 종말론에 기초해서 성경 전체를 설명할 수 있도록 가르치는 교회 교육입니다.

나를 넘어서는 힘

신천지는 1984년부터 종말이라고 말합니다. 그런데 기독교는 AD 1세기 메시아 예수로부터 진짜 종말의 시간, 예언 성취의 시간이 시작됐다고 고백합니다. 차이는 시기만이 아닙니다. 종말을 바라보는 시각 자체가 다릅니다. 신천지에게 종말은 파괴입니다. 신천지뿐만 아니라 일반 교회라도 종말을 '파국의 미래에 대한 불안'으로 이해하고 있다면, 그것은 성경과 무관합니다. 성경이 말하는 종말은 언약과 예언에 따른 새로운 탄생, 다시 말해 '교회의 기원'을 말하는 것으로 시작됩니다.

이처럼 같은 단어를 사용하고, 같은 등장인물이 나오더라도 전혀 다른 서사 구조를 갖고 있습니다. 따라서 반박이나 논쟁이 아니라 경청과 소개라는 형식으로만 진리를 전달할 수 있습니다. 무조건 싸우려고 하기보다 일단 상대방의 전체 이야기를 충분히 듣고, "당신이 이야기하는 것은 이런 거죠?"라며 내 언어로 정리를 해 줍니다. 그런 다음, "그런데 우리가 갖고 있는 이야기는 이런 겁니다"라고 진실하게 소개하는 것이 가장 합당한 형식이라고 생각합니다.

✦ 이 인터뷰에서 가장 인상적으로 다가온 것은 무엇인가요? 우리 교회에 적용할 수 있는 방법은 무엇일까요?

✦ 사이비·이단에 넘어가지 않기 위해서 내가 할 수 있는 능동적 측면과 수동적 측면의 실천을 점검해 봅시다.

✦ 우리가 사이비·이단에 빠져 피해를 당한 사람들을 '끌어안을 수 있는 역량'은 어디서 길어 올릴 수 있을까요?

✦ 지금까지 내가 생각해 온 종말은 어떤 것입니까? 그 종말론은 나의 삶에 어떤 영향을 끼치고 있나요?

✦ "반박이나 논쟁이 아니라 경청과 소개라는 형식으로만 진리를 전달할 수 있다"는 말의 실천이 내 삶의 어떤 영역에서 먼저 시작되면 좋을까요?

나를 넘어서는 힘

✣ 미워하는 마음, 분열의 덫을 조심하라!

예수님이 비천한 육체로 오셨음을 시인하는 영, 고통과 어려움을 마다하지 않고 사랑하는 육체로 오셨음을 시인하는 영을 잘 분별하고 그 영에 속한 삶을 살아야 합니다.

- 분별 1: 참과 거짓을 분별한다.
- 분별 2: 육체로 오신 예수님의 영에 속한 삶인지 분별한다.

요한은 당시 교회가 이런 분별에서 멀어져 있음을 아프게 지적합니다. "빛 가운데 있다 하면서 그 형제를 미워하는 자는 지금까지 어둠에 있는 자요 (…) 또 어둠에 행하며 갈 곳을 알지 못하나니 이는 그 어둠이 그의 눈을 멀게 하였음이라"(요일 2:9-11b). 자신이 빛 가운데 있다고 주장하면서 다른 사람을 정죄하고 미워하는 사람은 실상 어둠 속에 있는 것이라는 깨우침입니다.

미움과 분열의 덫이 여기저기서 사람들을 쓰러뜨립니다. 누군가를 미워하면서 한 편이 된 사람들끼리 모여서 그 미움의 대상을 더 미워하게 만드는 말을 만들어 냅니다. 이미 혼돈과 미움이 가득한 세상에서 그리스도인도 자칫하면 누군가를 미워하는 세상 풍조를 따르기 쉽습니다. 스스로는 "빛 가운데 있다"라고 하지만 부지불식간에 누군가를 판단하고 정죄합니다. 상대를 충분히 이해하지 못한 상태에서 충분히 미워하는 겁니다.

따라서 그리스도인은 예수 그리스도가 육체로 오신 그 '사랑'이 내 삶의 중심이라는 사실을 인정하며 살아야 합니다. 매일, 매순간 내 삶이 그 사랑에 잇대어 있는지 분별하는 것이 이단의 분별만큼이나 중요합니다. "사랑하는 자들아 우리가 서로 사랑하자 사랑은 하나님께 속한 것이니 사랑하는 자마다 하나님으로부터 나서 하나님을 알고 사랑하지 아니하는 자는 하나님을 알지 못하나니 이는 하나님은 사랑이심이라"(요일 4:7-8). 분별의 기준, 곧 우리가 참되신 하나님을 알 수 있는 방법은 예수님이 보여 주신 사랑을 닮아 서로 사랑하는 것입니다.[3]

우리는 매일 물어야 합니다.

1. 내가 보고 듣는 말은 진실인가? 혹여 진실이 아닌 가짜를 받아들여 다른 사람에게 전하고 있지는 않은가?

나를 넘어서는 힘

2. 내가 하는 말과 행동은 예수님의 사랑에 잇대어 있는가? 나의 옳음에 사로잡혀 사랑 없이 평가만 하고 있지 않은가?

묵상과 토론을 위한 질문

✦ 위의 두 가지 분별 중에서 지금 나에게 더욱 절실히 필요한 것은 무엇인가요?

✦ "예수 그리스도께서 육체로 오신 것을 시인한다"(요일 4:2)는 것은 어떤 의미인가요?(요일 4:7-16)

✦ 육체로 오신 예수님이 보여 주신 사랑을 나에게 생생하게 보여 주고 느끼게 해 준 사람이 있나요? 그 사랑을 경험하고 나서 나는 어떻게 달라졌나요?

✦ 나는 빛 가운데 있다고 생각하고 말하지만, 다른 사람과 나를 분열시키는 미움의 덫이 내 안에 있지는 않은지 돌아봅시다.

▶ 찬양

그 사랑(아버지 사랑 내가 노래해) _작사 · 곡 박희정

▶ 함께 기도합니다

가슴에 손을 얹고 내 안의 영을 분별합니다. 내 안에 하나님의 영이 있는지 날마다 물으며 확인하기를 원합니다. 육체로 오셔서 상처받고 아파하셨으나 끝까지 우리를 사랑하신 예수님의 사랑, 하나님으로부터 나서 하나님을 알게 하는 그 사랑이 내 삶을 움직이는 가장 강력한 힘이 되게 하소서. 그 사랑에 이끌려 살게 하소서. 나를 놀라게 하고 나를 감격시키는 그 사랑을 표현하고 고백하고 닮아 가게 하소서. 육체로 우리에게 오신 예수님의 이름으로 기도합니다. 아멘.

나를 넘어서는 힘

4장

대화

말이 통한다
맘이 동한다

한눈에 읽기

'대화가 잘 통하는 사람'. 교회에서든 사회에서든 이런 사람이 필요합니다. 말이 막히면 마음도 움직이지 않습니다. 비록 나와 다른 의견을 가지고 있다 하더라도 서로의 이야기를 경청하고 존중하는 역량을 키우는 곳, 서로 다른 우리의 모습이 오히려 주님께 다다르는 기회가 될 수 있음을 경험하는 곳, 그곳이 교회가 되어야 합니다. 나의 말을 다스림으로써 마음과 마음이 흐를 수 있는 길이 우리 앞에 있습니다.

키워드

#다툼과_변론 #예루살렘회의 #경청 #비폭력대화

연관 설문

'교회의 건강성 측정을 위한 조사' 개인 차원 51, 58, 61번

말이 통한다
맘이 동한다

"오직 사랑 안에서 참된 것을 하여
범사에 그에게까지 자랄지라
그는 머리니 곧 그리스도라"

엡 4:15

저는 어디서도 눈에 띄지 않는 학생이었습니다. 말할 기회도 없었고 말할 필요도 없었습니다. 제게 말이란 저 위에 계신 선생님이 하는 것이었습니다. 가끔 학생회장, 반장, 임원이 조금 높은 곳에 올라서서 마이크를 잡고 말을 했습니다.

시간이 흐르면서 제 안에 이런 공식이 생겨났습니다. '조금이라도 높은 곳에 있어야 자기 목소리를 낼 수 있다.' 이 공식을 알고 있는 건 저만이 아니었습니다. 부모님은 진작

부터 알고 계셨습니다. 그래서 누누이 말씀하셨습니다. "무시 안 당하려면 열심히 공부해서 높은 데 올라가야 한다." 수많은 사람들이 높은 곳에 오르려고 애쓰는 이유도 자기 목소리를 내고 싶어서가 아닐까요? 'Let my voice be heard!' 이 욕망에서 완전히 자유로운 사람이 있을까요?

우리는 아등바등하며 내가 올라설 수 있는 자리를 쌓아 올립니다. 그러다 조금 높은 곳에 올랐다 싶으면 한번 목소리를 내봅니다. 만약 사람들이 듣지 않으면 이렇게 생각합니다. '아직 충분히 높지 않아서 그래.' 우리 안의 열망은 높은 탑 위에서 당당하게, 자신 있게 목소리를 내는 나의 모습을 그리고 있습니다.

그런데 최근 들어 신기한 사실 하나를 알게 되었습니다. 사람들은 높은 곳에서 외치는 사람의 목소리를 제대로 듣지 않는다는 것입니다. 듣는 척할 뿐입니다. 무릎을 치며 깨달았습니다. '아하, 사람과 사람 사이에 높낮이가 있으면 진정한 말의 소통은 이루어지지 않는구나.' 지위든 지식이든 나이든 높은 곳과 낮은 곳의 격차가 뚜렷하면 '지시 → 이행' '명령 → 복종' '훈계 → 침묵' '독백 → 구경'의 분위기가 형성됩니다. 그러면 소통은 점차 위축됩니다.

높은 곳에 올라 자기의 목소리를 내려고 하는 사람들 틈에서, 그런 사람의 하나로 살아가는 저에게 문득 떠오른 것이 '바벨탑'이었습니다. "자, 성읍과 탑을 건설하여 그 탑 꼭대기를 하늘에 닿게 하여 우리 이름을 내고 온 지면에 흩어짐을 면하자"(창 11:4). 하늘까지 닿는 높은 탑을 쌓고 그 위에 올라 많은 사람들을 내 아래로 모아 두려는 생각…. 오늘 우리의 세상과도 많이 닮아 있지 않습니까. 그런데 그 인간적인, 지독히도 인간적인 생각의 결과는 '바벨'(혼돈)이었습니다.

그 어느 때보다도 지식을 자랑하는 시대를 살아가는 우리는, 지독한 나르시시즘과 독백의 혼돈에서 헤어 나오지 못하고 있습니다. 옳고 그름을 따지며 끝없이 싸우고, 다른 사람의 입장을 이해하려는 노력은 하지 않습니다. 자신의 신념과 판단, 취향에 들어맞는 정보만 들여다보며 그 외의 정보는 무시하는 경향을 '확증편향'이라고 합니다. 확증편향을 가진 사람들이 점점 많아지면 나와 다른 의견을 가진 사람과의 대화는 점점 줄어들고, 비슷한 의견을 가진 사람들끼리 모이게 됩니다. "바벨의 시대"를 살아가는 사람들의 슬픈 모습입니다.

✦ 불편, 불통, 불안

'교회의 건강성 측정을 위한 조사' 결과인 「한국교회 건강성 분석 리포트」에 흥미로운 부분이 있습니다. 한국교회의 신앙인(교회 출석자)이 '개인 차원'에서 느끼는 구체적인 경험에 대한 설문 결과 중 예배, 기도, 헌금, 말씀 읽기, 나눔, 봉사 등에서는 비교적 높은 점수를 냈지만 눈에 띄게 취약한 지점이 있었습니다.

개인영역 항목 중에서 가장 낮은 점수를 기록한 세 개의 문항은, "나는 교회에서 나와 다른 의견을 가지고 있는 성도들의 이야기를 듣는 것이 불편하다"(54.1점), "나는 정치와 사회에 관한 뉴스 정보를 카카오톡, 유튜브 등 소셜미디어에 의존한다"(54점), "나는 일상 속에서 정직하게 답해야 하는 경우에 망설인다"(53.2점)였습니다.

응답자의 절반 이상이 '나와 다른 의견을 가진 성도들'과 이야기하는 것을 불편해합니다. 이 '다른 의견'에는 생활방식, (교회를 비롯한) 공동체의 운영에 대한 것, 사회적인 이슈와 관련된 정치적인 의견 등 여러 가지가 속할 것입니다. 불편한 마음이 있으니 자신의 의견을 솔직하게 털어놓는 것

나를 넘어서는 힘

• 한국교회의 건강성 – 개인 차원(순위 순, 100점 기준) •

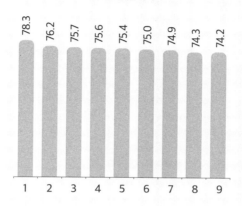

■ 교회 출석자

1. 나는 문제가 생겼을 때 일의 주도권이 하나님께 있다고 믿고 기도한다 78.3
2. 나는 일주일 중에 하나님께 예배드리는 시간이 가장 중요하다 76.2
3. 나는 자원하는 마음으로 주일헌금과 십일조를 드린다 75.7
4. 나는 죄의 유혹을 받을 때 하나님이 기뻐하지 않는 일이라고 생각해 거부한다 75.6
5. 나는 하나님이 나의 인생에 특별한 계획을 갖고 계심을 믿으며 그것을 발견하기 위해 노력한다 75.4
6. 나는 성경을 읽고 기도하면서 하나님과 가까이 살아가고 있음을 느낀다 75.0
7. 나는 우리 교회가 추구하는 비전이 무엇인지 잘 이해하고 있다 74.9
8. 나는 나의 몸이 하나님의 성전이라고 생각하며 음식과 기호식품(술 , 담배 등)을 절제한다 74.3
9. 나는 우리 교회의 성도들과 교제하는 것이 기쁘고 즐겁다 74.2

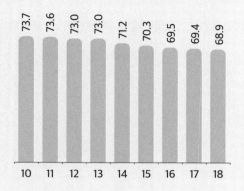

10 나는 인터넷에서 기독교에 관한 이야기를 들으면 그것이 사이비 혹은 이단인지 여부를 구별할 수 있다 73.7

11 (소그룹 있는 경우) 나는 한 달에 한 번 이상 교회의 소그룹 모임에 참여하고 있다 73.6

12 나는 나의 가족과 신앙적인 주제에 관해 편하게 대화한다 73.0

13 나는 내가 원하는 일을 추진하기 전에 먼저 그것이 과연 하나님의 뜻에 맞는지 알기 위해 충분히 기도한다 73.0

14 나는 하나님께서 나에게 주신 은사와 재능을 공동체를 위해 사용하고 있다 71.2

15 나는 교회에서 새로운 성도를 만나면 먼저 인사를 건네고 교회생활에 대해 이야기를 나눈다 70.3

16 나는 주변에서 어려움을 겪고 있는 이웃에 대한 소식을 들으면 규모에 상관없이 내가 가진 것을 나눈다 69.5

17 나는 제직회 혹은 공동의회와 같은 교회의 의사결정 과정에 애정과 책임감을 느낀다 69.4

18 나는 미디어를 통해 교회에 대한 부정적인 소식을 접하면 내가 하나님 앞에서 죄를 짓고 있다고 느낀다 68.9

나를 넘어서는 힘

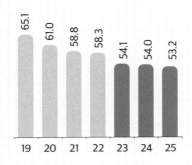

19 나는 한 달에 한 번 이상 교회의 봉사활동에 정기적으로 참여한다 65.1

20 나는 지난 1년간 교회 밖 자원봉사 활동에 참여한 적이 있다 61.0

21 우리 교회가 지역사회에서 어려운 이웃을 돕는 일에 나의 참여나 도움
이 크게 중요하지 않다고 생각한다 58.8

22 기독교인으로서 정치와 사회 문제에 관심을 갖는 것은 불필요하다
58.3

23 나는 교회에서 나와 다른 의견을 가지고 있는 성도들의 이야기를 듣는
것이 불편하다 54.1

24 나는 정치와 사회에 관한 뉴스 정보를 카카오톡 , 유튜브 등 소셜미디어
에 의존한다 54.0

25 나는 일상에서 정직하게 답해야 하는 경우에 망설인다 53.2

을 불필요하게 여깁니다. 내 생각을 말했다가 공격을 당하면 어떻게 하나, 괜히 갈등이라도 생기면 어떻게 하나 하는 불안함이 있을 수도 있습니다. "일상 속에서 정직하게 답해야 하는 경우"에 "망설이는" 신앙인과 자주 만나는 것도 이런 경향과 무관하지 않을 것 같습니다.

묵상과 토론을 위한 질문

✦ 교회에서 사회적인 이슈에 대해 이야기하는 것을 어떻게 생각하나요? 그렇게 생각하게 된 계기가 있나요?

✦ 비록 어떤 사안에 대해서 나와는 다른 의견을 가진 사람이었지만 그와 이야기를 나누면서 '이야기하기를 잘 했다'는 마음이 들었던 적이 있나요? 그런 마음이 든 결정적인 이유는 무엇인가요?

✦ 맘이 동하는 교회?

어떤 일에 마음이 움직이면 우리는 기꺼이 그 일을 해냅니

나를 넘어서는 힘

다. 교회에 나가 신앙생활을 하는 것도 마음이 움직여야, 즉 '마음이 동해야' 할 수 있는 일입니다. 그런데 간신히 마음이 동해서 교회에 나왔던 사람들 가운데 안타깝게도 아예 교회랑 인연을 끊는 이들이 종종 있습니다. 여러 가지 이유가 있겠지만, 제가 비교적 자주 경험한 서글픈 원인은 교회 내의 갈등과 분쟁이었습니다. 교인들끼리 편이 갈려 서로 자기네가 옳다며 싸우는 모습을 본 것입니다. '세상과는 다른 곳, 하나님의 사랑이 흘러넘치는 곳일 줄 알았는데 오히려 교회에서 더 극렬하게 싸우다니. 교회가 왜 이 모양이야?' 마음이 식어 버립니다. 그러니 몸이 움직일 리 없습니다. 발걸음을 완전히 끊게 되는 겁니다.

교회도 서로 다른 의견들이 부딪힐 수 있는 곳입니다. 중요한 것은 그 부딪힘을 어떻게 다루느냐 하는 것입니다. 다른 의견들이 반드시 싸움이 되는 것도 아닙니다. 그것이 불편함이나 불통으로 끝나지 않고 성숙과 성장의 중요한 계기가 될 수 있음을 보여 주는 사례가 있습니다.

어떤 사람들이 유대로부터 내려와서 형제들을 가르치되 너희가 모세의 법대로 할례를 받지 아니하면 능히 구원을 받

지 못하리라 하니 바울 및 바나바와 그들 사이에 적지 아니한 다툼과 변론이 일어난지라(행 15:1-2a)

이 일이 발생한 곳은 시리아 지역의 안디옥입니다. 여기서 수많은 이방인들이 바울과 바나바의 전도를 받아 예수님을 믿게 됐고 결국 교회가 생겨났습니다. 예수님을 지칭하는 표현(그리스도)이 믿는 사람들의 새로운 정체성(그리스도인)이 된 곳이기도 합니다. "제자들이 안디옥에서 비로소 그리스도인이라 일컬음을 받게 되었더라"(행 11:26b). 이처럼 뜻깊은 의미를 가진 최초의 교회 공동체 안에도 적지 않은 "다툼과 변론"이 일어났습니다.

유대 땅에서 온 바리새파 그리스도인들의 눈에 안디옥교회 이방인들의 신앙생활은 문제가 있어 보였던 것입니다. 아무리 이방인이라고 해도 하나님의 구원을 받으려면 할례를 받고 율법을 지켜야 한다는 게 바리새파의 의견이었습니다. 이에 바울과 바나바는 그런 건 "필요 없다!"며 강력히

나를 넘어서는 힘

맞섭니다. 양쪽 모두 예수님을 주님으로 믿고 고백하면서 많은 것을 포기한 사람들이었습니다. 어쩌면 바로 그렇기 때문에 갈등이 더 생길 수 있습니다. 교회는 친목단체가 아니라 가장 중요한 것을 위해 모든 것을 (생명까지도) 걸어야 하는 모험이 요구되는 곳입니다.

교회 안에도 다툼과 변론(말과 말의 부딪힘)이 있습니다. 교회는 출발부터 이런 갈등이 있었습니다. 갈등 자체는 결코 문제가 아닙니다. 무조건 피하려고 하거나 덮어버리려고 해서는 안 됩니다. 우리에게 필요한 것은 갈등을 통해 오히려 성장하는 길을 찾아내는 지혜입니다. 사실 이것이 오늘날까지 교회가 존재하게 된 비결입니다.

✤ 말이 통하는 교회

안디옥 교회 대표들은 그 문제를 가지고 예루살렘의 그리스도인들을 찾아갑니다. 거기서도 다시 논쟁이 일어납니다. "사도와 장로들이 이 일을 의논하러 모여 많은 변론이 있은 후에…"(행 15:6-7a). 많은 변론이 오고 갔지만 쉽게 결론이

나지 않았습니다. 그때 베드로가 일어나 해안 도시 가이사랴에서 이방인 고넬료와 만난 일에 대해 말합니다.

> 또 마음을 아시는 하나님이 우리에게와 같이 그들에게도 성령을 주어 증언하시고 믿음으로 그들의 마음을 깨끗이 하사 그들이나 우리나 차별하지 아니하셨느니라(행 15:8-9)

'우리에게와 같이 그들에게도' '그들이나 우리나' 같은 표현이 눈에 띕니다. 베드로는 하나님이 유대인과 이방인을 차별하지 않으신다는 걸 확실하게 경험한 이야기를 들려주는 겁니다. 베드로의 말을 시작으로 우리는 소통을 향해 나아가는 말, 공동체 안에 변화를 일으키는 말을 확인하게 됩니다.

먼저, *1. 경험에서 우러나오는 말*입니다. 베드로는 자신도 이방인에 대한 거부감이 있었지만, 그것을 넘어서게 하신 하나님의 역사하심을 전합니다. 그는 자신의 말을 이렇게 마무리합니다. "우리는 그들이 우리와 동일하게 주 예수의 은혜로 구원 받는 줄을 믿노라"(행 15:11). 그의 말이 끝나자 놀랍게도 변화가 시작됩니다.

온 무리가 가만히 있어 바나바와 바울이 하나님께서 자기들로 말미암아 이방인 중에서 행하신 표적과 기사에 관하여 말하는 것을 듣더니(행 15:12)

무조건 반박하고 변론하는 것이 아니라 누군가의 말이 내게 던지는 의미를 천천히 느껴 볼 수 있게 된 것입니다. 무리는 베드로의 말에 이어 바나바와 바울의 말도 경청합니다. 그리고 곧 예루살렘 교회의 중요한 지도자였던 야고보가 일어나서 말을 시작합니다.

시므온(=시몬 베드로)이 말하였으니 선지자들의 말씀이 이와 일치하도다. 기록된 바 이 후에 내가 돌아와서 다윗의 무너진 장막을 다시 지으며 또 그 허물어진 것을 다시 지어 일으키리니 이는 그 남은 사람들과 내 이름으로 일컬음을 받는 모든 이방인들로 주를 찾게 하려 함이라 하셨으니(행 15:14c-17)

베드로의 말과 통하는 야고보의 말에 공동체에 변화를 일으키는 말의 또 다른 특징이 있습니다. *2. 말씀 묵상에서*

길어 올린 말입니다. 야고보는 베드로의 말에 동의하면서 아모스 말씀(9:11-12)을 인용합니다. 평소에 묵상하던 말씀을 떠올린 것입니다. 경험에서 우러나온 말, 말씀 묵상에서 길어 올린 말이 잘 어울리지 않습니까? 말과 말이 통합니다. 그러자 기가 막힌 결론, 멋진 절충안이 나옵니다.

> 그러므로 내 의견에는 이방인 중에서 하나님께로 돌아오는 자들을 괴롭게 하지 말고 다만 우상의 더러운 것과 음행과 목매어 죽인 것과 피를 멀리하라고 편지하는 것이 옳으니
> (행 15:19-20)

원칙적으로 이방인에게 모든 율법과 할례를 강요하지 않고 오직 예수님의 은혜로 구원을 얻는다는 입장을 굳게 붙잡되, 보통의 유대인이 혐오감을 느끼거나 위화감을 느낄 수 있는 풍습은 멀리하도록 권하자는 입장을 내놓은 것입니다. 이는 유대인 바리새파 그리스도인과 이방인 그리스도인이 서로를 더욱 이해하고 존중하며 함께 식사할 수 있도록(초기 교회에서는 함께 먹는 것이 대단히 중요했습니다) 한 겁니다.

나를 넘어서는 힘

예루살렘의 모든 교인은 그 의견에 만장일치로 찬성했습니다. 그리고 예루살렘 교회의 대표들이 안디옥 교회를 방문해서 교회의 공식 입장이 담긴 편지를 전하며 예수 믿는 기쁨을 나눕니다. 이로써 양쪽은 기존의 입장을 고수하는 데서 벗어나 더 역동적인 공동체로 성숙할 수 있게 되었습니다.

갈등을 통해 오히려 성숙과 성장의 길을 찾아낸 교회의 이야기가 이 시대에도 계속되기를 소원합니다. 마음을 아시는 하나님은 우리의 갈등, 다툼, 변론을 통해서도 우리를 성장시키십니다.

> 우리는 사랑으로 진리를 말하고 살면서, 모든 면에서 자라나서, 머리가 되시는 그리스도에게까지 다다라야 합니다(엡 4:15, 새번역).
>
> But speaking the truth in love, we must grow up in every way into him who is the head, into Christ(Eph.4:15, NRSV).

묵상과 토론을 위한 질문

✦ 누군가와의 갈등으로 힘들었는데, 시간이 흘러 그 갈등이 오히려 나를 성장시켰다는 것을 깨닫게 된 경우가 있나요? 그 이야기를 들려주세요.

✦ 초대교회에서 일어난 심각한 의견 대립, 갈등, 다툼의 이유는 무엇이었나요?(행 15:1, 5, 8-11)

✦ 나의 신앙생활에서 '예루살렘 회의'의 베드로나 야고보 같은 역할을 해 준 사람들이 있었나요?

✦ 올해 교회 활동을 통해서 나의 '말'과 '마음'이 어떻게 성장하기를 바라는지 생각하며 기도문을 적어 봅시다.

나를 넘어서는 힘

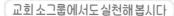

어려운 대화 – 심연으로
– 건설적인 권면[1]

미국 하버드 대학교의 커뮤니케이션 연구소에서는 어려운 대화의 유형을 다음 세 가지로 말하고 있습니다.

갈등 대화	자기 입장만 강조하고 주장하는 유형
"저 사람이 먼저 시비를 걸잖아요!"	
감정 대화	말하는 사람의 격한 감정으로 이성적 판단 어려움
"어떻게 장례식 때 오지 않으실 수가 있죠?"	

"저런 인간들은 다 죽어야 해!"

갈등이 이미 본격화되어 있고 감정은 격해져 있으며 극단적인 언어가 튀어나올 수밖에 없는 상황에서 큰 도움이 되는 것이 "상대방의 심연으로 내려감"입니다. 심연深淵이란 한 사람의 가장 깊은 마음, 깊은 마음의 저장소(지하실)로 표현할 수 있습니다. 겉으로 드러난 상황만 보는 것이 아니라, 상대방이 분노를 발할 수밖에 없는 이유가 있는지, 상대방이 정말 원하는 것이 무엇인지를 좀 더 헤아려 보아야 합니다.

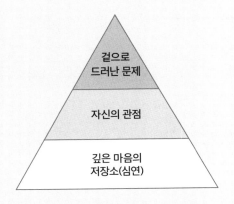

나를 넘어서는 힘

겉으로 드러난 문제

_____

_____

_____

자신의 관점

_____

_____

깊은 마음의 저장소

_____

_____

_____

_____

건설적인 권면을 위한 원칙들

· 적당한 시간과 장소를 택하라.

· 상대방의 긍정적인 것을 생각하라.

- 가능하면 대면해서 말하라.

- 당신의 할 말을 계획하라.

- I-message를 사용하라.

- 객관적이 되라(일반화시키지 말라).

- 성경을 사용할 때는 조심스럽게 사용하라.

- 상대방에게 답변할 기회를 주어라.

- 해결책들과 선호하는 것을 말하라.

- 자신의 한계를 인정하라.

- 친근한 몸짓과 설득력 있는 비언어적 메시지를 사용하라.

나를 넘어서는 힘

그리스도인의
모습

미국의 크리스천 작가 필립 얀시의 공식 홈페이지에 그의 저서 『놀라운 하나님의 은혜』에 관한 인터뷰[2]가 실렸습니다. 인터뷰에는 하나님의 놀라운 은혜가 어떤 것인지 세상에 드러내야 하는 그리스도인들이 그렇지 않은 모습으로 살아가는 것에 대해 지적하는 대목이 있습니다. 한 부분을 소개합니다.

Q. 그리스도인들은 은혜의 메시지를 얼마나 잘 전달하고 있습니까?

제가 사람들에게 "그리스도인이란 어떤 사람입니까?" 하고 물어보면 사람들은 사랑, 공감, 은혜 같은 단어로 답하지 않습니다. 대개는 무엇인가 '반대하는' 사람으로 그리스도인을 묘사합니다. 예수님은 뭔가를 반대하는 것으로 유명해진 분이 아닌데 말입니다. 그분은 곤경에 처한 사람들을 섬기고 배고픈 사람들을 먹이고 목마른 사람에게 물을 주신 것으로 알려지셨습니다. 만일 우리 교회가 주로 예수님이 하신 그런 행동들 때문에 알려진다면, 우리를 얽어맨 수많은 분열을 잘 해결할 수 있을 것입니다.

(…)

그리스도인에 대한 평판이 나쁜 경우가 많습니다. 그리스도인이라고 하면, 완고하고 다른 사람을 쉽게 판단하는 이미지를 떠올립니다. 참 이상한 일입니다. 하나님은 은혜가 우리를 통해 구체적으로 드러나기를 바라셨건만, 결과는 전혀 달랐습니다.

Q. 은혜는 쿨하고 편안하고 느긋한 사람을 만들어 내야 한다고 누구나 생각할 겁니다. 그런데 우리가 자주 만나는 사람들은 정반대입니다. 늘 고민이 많고 신경이 곤두서 있고 걱정과 스

나를 넘어서는 힘

트레스가 많습니다. 도대체 뭐가 잘못된 것일까요?

많은 그리스도인이 은혜를 신학적, 추상적 차원에서만 이해할 뿐 그 은혜가 영혼 깊은 곳까지 스며들게 하지 못했습니다. (…) 선생님이 지적하셨듯이, 신자들은 편안하고 긍정적인 느낌을 주지 못하는 것 같습니다. 우리는 하나님이 우리를 더 사랑하시게 할 수도 없고, 덜 사랑하게 할 수도 없다는 사실을 마음에 깊이 새겨야 합니다. 하나님은 사랑이십니다. 그 사랑은 명사가 아니라 동사입니다. 우리는 그분을 사랑하지 않을 수 없습니다. 우리는 '나 같은 죄인 살리신'Amazing Grace을 하루 종일 흥얼거리며 다녀야 할 겁니다.

✦ 필립 얀시의 인터뷰에서 공감하는 부분이 있나요?

✦ 일상에서 나를 만나는 사람들은 나를 어떤 그리스도인으로 생각할까요?

✦ 내가 만나는 사람들 중에도 그리스도인에 대해서 부정적인 견해를 가진 사람들이 있다면, 내가 할 수 있는 일은 무엇인지 함께 목록을 만들어 봅시다.

✤ 들어야 들어간다!

저는 우리말 표현 중에 '귀 기울인다'를 특히 좋아합니다. 재미있는 것은 '기울이다'라는 동사입니다. 비스듬히 쏠려서 한쪽에 가까워진 모양을 뜻하는 말입니다. 누군가의 말을 제대로 들으려면 그 목소리가 들려오는 쪽으로 몸을 기울여야 합니다. 자기를 꼿꼿하게 세운 상태로는 제대로 들을 수 없기 때문이겠죠? 즉, 귀 기울인다는 표현은 우리의 들음에 '기울기'가 필요함을 알려 줍니다. 물이 흐르기 위해서는 경사가 있어야 합니다. 조금 낮은 곳이 있어야 조금 높은 곳의 물이 흘러가는 것처럼, 자기를 기울여 낮은 자세가 되어야 잘 들을 수 있습니다. 경청傾聽도 기울 '경傾' 자와 들을 '청聽' 자가 합쳐진 말입니다.

> 행복한 대화에는 들음이,
> 들음에는 기울기가 필요합니다.

자기를 기울이지 않은 상태에서 듣는 것은 정보를 얻기

위한 청취에 불과합니다. 이런 경우에는 말하는 사람과 듣는 사람 사이에 의미 있는 변화나 소통이 이루어지지 않습니다. 말이 흐르지 않고 고여버립니다. 말과 말이 부딪히거나 엇갈립니다. 그런 말들은 귀를 통해 듣는 이의 머리와 가슴으로 흘러 들어가지 못하고 증발되어 오래 기억되지 못합니다.

기울어짐 없는 듣기, 나의 존재와 내 삶의 방식을 꼿꼿하게 유지한 듣기는 이렇듯 금세 사라지고 맙니다. '나'라는 중심을 허물고 상대방을 향해 슬며시 기울어질 때, 상대의 말은 내 안으로 흘러 들어옵니다. 그때야 비로소 관계가 깊어지고 신뢰와 사랑이 무르익어 열매를 맺습니다.

내가 오늘 복과 저주를 너희 앞에 두나니 너희가 만일 내가 오늘 너희에게 명하는 너희의 하나님 여호와의 명령을 들으면 복이 될 것이요 너희가 만일 내가 오늘 너희에게 명령하는 도에서 돌이켜 떠나 너희의 하나님 여호와의 명령을 듣지 아니하고 본래 알지 못하던 다른 신들을 따르면 저주를 받으리라(신 11:26-28)

신명기에서 제일 중요한 말은 "들어라!"로, 히브리어로는 '쉐마'ꞵꞯꞯ입니다. 이것은 단순히 청각을 사용하라는 뜻이 아니라 온 존재를 기울여 작은 소리 하나도 놓치지 말라는 뜻입니다. 신명기 11장은 하나님의 명령(말씀)을 들으면 복이 되고 듣지 않으면 저주를 받는다고 전합니다. 저는 이 말을 글자 그대로 믿습니다. 복을 받으려면 '들어야' 합니다. 그리고 하나님의 말씀을 듣기 위해서는 자기를 낮추어 기울여야 합니다. 그 기울임을 통해서 말씀이 들어오면 그분에 대한 깊은 신뢰와 사랑이 생겨납니다.

하나님 앞에서 자기를 기울여 듣는 태도는 고스란히 다른 사람을 대하는 모습으로 이어집니다. 배우자에게, 자녀에게, 동료와 친구에게 귀 기울입니다. 그러니 갈등이 일어나더라도 그 갈등을 풀고 회복하면서 오히려 관계를 깊게 만듭니다. 이런 사람이 어떻게 '복이 되지' 않을 수 있겠습니까?

들어야 들어갑니다. 하나님 말씀에 귀 기울여야 약속의 땅에 들어갑니다. 하나님의 형상인 타인의 말을 몸과 마음을 기울여 들어야 풍성한 관계의 땅으로 들어갑니다.

나를 넘어서는 힘

묵상과 토론을 위한 질문

✦ 성경에서 말하는 "들어라!"는 우리가 보통 생각하는 '들음'과 어떻게 다릅니까?(신 11:26-28; 6:4-9)

✦ 누군가의 말에 귀를 기울일 때 나에게 나타나는 신체적인 변화나 특징이 있나요? 주변 사람들에게 한번 물어봅시다.

공감과 연결로 이어지는 대화법

비폭력대화란?

서로의 차이를 인정하고 갈등을 평화롭게 해결하는 데 필요한 정보를 쉽게 교환할 수 있는 대화 방법입니다. 분노를 자아내거나 자존심을 떨어뜨리는 말을 피하고, 그 대신 친선을 도모하는 말을 건넵니다. 이 대화의 근본 목적은 관계의 질을 향상하는 것으로, 모든 사람이 공감하는 가치와 욕구에 초점을 둡니다.

나를 넘어서는 힘

비폭력대화의 두 가지 확신

첫째, 우리는 나와 타인에게 도움이 되는 삶을 살 때 가장 큰 기쁨이 솟아나는 존재입니다. 둘째, 영성과 사랑은 내면의 느낌이 아니라 우리가 실제로 행하는 것입니다.

공감과 연결을 방해하는 대화의 패턴

- 도덕주의적 판단과 평가

 "그 사람은 늘 자기 생각만 해."

 "그 사람, 무책임한 사람이야."

- 강요

 "그냥 시키는 대로 하세요!"

 "그건 당연히 해야 하는 거라고!"

- 비교

 "저쪽 교회에서 만든 영상 좀 봐."

 "다른 애들은 몇 점 맞았니?"

- 책임을 부인하는 말

 "먹고살려면 어쩔 수가 없지."

 "사는 게 다 그렇지 뭐…."

공감과 연결을 방해하는 대화를 하게 되는 이유는 무엇일까요?(내면의 작동 원리)

- 상대방이 '잘못한 것'에 모든 생각이 집중된다.

- 상대방의 욕구보다는 그의 인격에 대한 판단을 내린다.

- 잘못을 고치기 위해서는 맞대응하는 수밖에 없다.

- 그러려면 '강하게' 그의 잘못을 지적해야 한다.

- '논리적으로' 정당성을 따지면 문제가 해결된다.

- 설령 상대방이 겉으로는 수긍한다고 해도 상대방과 나의 마음은 화합하지 않는다.

- 갈등은 언제나 '문제'라고 생각한다. 이겼어도 상쾌하지 않다.

- 다른 사람에 대해 더 이상의 기대를 하지 않는다. 관계가 굳어진다.

- 내 의견이 관철되지 못했을 때는 분노, 수치, 자책, 무기력감을 느낀다.

- 나중에 비슷한 갈등이 또 일어나도 속수무책이다.

공감에 기초한 비폭력대화의 네 단계

1. 관찰 있는 그대로 보고 듣기

    (≠평가: 김 집사는 너무 비협조적이야.)

- 관찰의 예: 김 집사가 회의 때 '알았으니까, 회장 맘대로 다 하세요!'

라고 말하고 나갔어.

2. **느낌** 나의 느낌에 주목하기

    (≠생각: 저건 우리를 무시하는 거야.)

- 느낌의 예: 그 자리에 남아 있던 나는 당혹스러웠어/불안했어/부끄러웠어/섭섭했어/슬펐어/외로웠어.

3. **욕구** 느낌의 원인 찾아내기

    (≠요구: 내가 회장인데 내 말을 들어줘야지.)

- 욕구의 예: 빠른 시간 안에 결정을 내려야 하는 나의 상황을 김 집사가 이해해 주고 존중해 주기를 원해.

4. **부탁** 구체적이고 긍정적인 의문형으로 대하기

    (≠강요: 그런 식으로 나올 거면 선교회 나오지 말라고!)

- 부탁의 예: 제가 지금 내린 결정에 만족스럽지 않은 부분이 있어서 그걸 말해 주고 싶으신 건가요?

소모임을 위한 비폭력대화 걸음마

- 내가 너무 대화를 주도하고 있는 것은 아닌지 살핀다.
- 분위기를 누그러뜨리는 농담과 진지한 대화를 방해하는 농담을 구분한다.
- 모든 인간은 똑같은 욕구를 지니고 있음을 기억한다.

- 상대방이 행동을 바꾸게 될 때 그 동기가 무엇이기를 원하는지 스스로 묻는다. (나에 대한 두려움? 자신에 대한 자책감과 무기력감? 자신 없음?)
- 판단을 공감으로 바꾸는 습관을 형성한다.
- 궁극적으로 차이를 인정하는 너른 마음을 꿈꾸며 기도한다.

✧ 내가 평소에 많이 쓰는 표현 중에 공감을 방해하고 상호연결을 가로막는 표현이 있었나요?

✦ 비폭력대화의 여러 가지 조언 중에서 나에게 가장 도움이 되는 부분은 무엇인가요?

나를 넘어서는 힘

▶ 찬양

기대(주 안에 우린 하나) _작사·곡 천강수

▶ 함께 기도합니다

주님, 연약한 인간은 작은 갈등과 말다툼으로도 상대방에 대한 마음까지 닫아 버립니다. 교회 안이라고 다르지 않습니다. 말이 막히고 마음이 닫히는 때도 있습니다. 우리의 마음을 아시는 하나님, 그 마음들을 녹여 주시고 말이 흐르게 하옵소서. 갈등과 다툼을 통해 오히려 성장하는 사람이 되게 하옵소서. 이전의 나를 뛰어넘는 기쁨을 나누며 함께 성장하는 아름다운 공동체를 경험하게 하옵소서. 교회의 머리가 되시는 예수님의 이름으로 기도합니다. 아멘.

주
✳

1장

1   1970년대 초 노무라 모토유키 목사가 한국 방문 중 찍은 사진. 활빈교회 수요예배에 참석한 교인이 간절한 기도를 올리고 있다. 제공 눈빛출판사. 노무라 모토유키, 『노무라 리포트』(서울: 눈빛, 2013).

2   원문에는 '하느님'이라고 적혀 있지만 저자의 동의를 얻어 한국교회에 익숙한 '하나님'으로 변경했습니다.

3   나태주, 『나태주 대표시 선집』(서울: 푸른길, 2017), 188-189.

4   「한국교회 건강성 분석 리포트」는 〈한국교회 희망 프로젝트〉의 '교회의 건강성 측정을 위한 조사' 결과 분석 보고서. 《건강한 교회 세우기》 시리즈 중 이론편 『하나님 나라, 공동선, 교회』 1부에 실려 있다. 한국교회 희망 프로젝트 엮음, "한국교회 건강성 분석 리포트", 『하나님 나라, 공동선, 교회』(서울: 크리쿰북스, 2024).

5   필립 얀시, 최종훈 옮김, 『기도하면 뭐가 달라지나요?』Prayer: Does It Make Any Difference?(파주: 포이에마, 2015), 15.

6   톰 라이트, 김명희 옮김, 『모든 사람을 위한 옥중서신』Paul For Everyone: The Prison Letters(서울: IVP, 2020), 126.

          나를 넘어서는 힘

7 필립 얀시, 위의 책, 32-33.

8 이사야 65장 16절의 히브리어 원문 중 בֵּאלֹהֵי אָמֵן(베-엘로헤-아멘)은 "진리의 하나님 안에서"라고 번역할 수도 있습니다.

2장

1 그렉 호킨스·캘리 파킨슨, 박소혜 옮김, 『무브』 *Move*(서울: 국제제자훈련원, 2013), 31, 48, 84-88, 108, 152 참고.

2 한스 R. 베버, 연규홍 옮김, 『성서, 나를 읽는 책』 *The Book that Reads me*(서울: 예영커뮤니케이션, 2006), 11-12.

3장

1 한국기독교목회자협의회, 『한국 기독교 분석 리포트』(서울: 대한기독교서회, 2023), 334-336.

2 이수인, 『미디어 리터러시 수업』(서울: 꿈미, 2023)

3 월터 모벌리, 박규태 옮김, 『예언과 분별』(서울: 새물결플러스, 2015), 265-293.

4장

1 황해국, 『갈등해결사(학습자용)』(서울: 한국장로교출판사, 2008), 50, 58-59, 68 참고.

2 https://philipyancey.com/q-and-a-topics/grace

나를 넘어서는 힘

초판 1쇄 발행 2024년 3월 18일
초판 2쇄 발행 2024년 9월 13일

기획 한국교회 희망 프로젝트
글쓴이 손성현
펴낸이 임성빈
책임편집 김지혜

펴낸곳 크리쿰북스
등록 2017년 3월 17일 제25100-2017-000017호
주소 03721 서울시 서대문구 성산로 527(대신동), B1
전화 02-743-2535 **팩스** 02-743-2532
이메일 cricumorg@naver.com

한국교회 희망 프로젝트 linktr.ee/bh2030
문화선교연구원 cricum.com

ISBN 978-89-967383-5-0 04230
ISBN 978-89-967383-3-6 (세트)